Дела Јована Дучића

I0655209

Дела Јована Дучића

Четврти том

МОЈИ САПУТНИЦИ

Приредио

НОВИЦА ПЕТКОВИЋ

ЈОВАН ДУЧИЋ

МОЈИ САПУТНИЦИ

КЊИЖЕВНА ОБЛИЧЈА

ИЗДАВАЧКО
ПРЕДУЗЕЋЕ
РАД

ОКТОИХ

ДУЧИЋЕВЕ
ВЕЧЕРИ
ПОЕЗИЈЕ

МОЈИ САПУТНИЦИ

ИВО ВОЈНОВИЋ

Иво Војновић је по реду последњи у великој галерији дубровачких књижевних ликова. Али је он истовремено, што је још важније, и први писац новог Дубровника. Тако се Иво Војновић налази на самом раскршћу између једне дугачке периоде дубровачког књижевног стварања која је већ била одавна коначно затворена, и то златним печатима, и једне друге периоде, нове, и још неизвесне.

Војновић се јавио кад се најмање очекивала појава тако моћног писца у том граду дубоке резигнације и мирне агоније. Јавио се у задњем часу, јер је дубровачки средњи век трајао све до освита деветнаестог столећа. Старо друштво тог града је већ и само тражило да изумре сутрадан после пропасти мале аристократске републике, од које је то друштво било нераздвојно. Истина, овај песник славних књижевних традиција Дубровника остао је и данас усамљен у својој слави; он није успео да имадне ни своје школе ни својих епигона. Као да је Дубровник из свог стабла избацио овај свој последњи и велики цвет алоје да кроз његов сјај још једном задиви свет пре него што и сам коначно нестане. И као да је Иво Војновић био песник који је дошао само да ожали и оплаче, а не да пробуди и обнови.

I

Мало је случајева да су један град и један човек овако нераздвојно везани један за другог. И Војновић је од оних који би, као Перуђино или Корећо, требао да носи име свог града пре него име своје породице. Одиста, има једна истина о градовима која је узбуд- љива: сваки град, и поред множине ствари и људи, има увек или неку ствар или неког човека који се од свега у њему највише види. Нарочито неку личност, која затим изгледа усађена усред његовог видика, и која чак учини све друго око себе споредним и случај- ним: виша је од звоника, обимнија од брега, светлија од реке. Тако је и овај песник за цео свој живот био највиша фигура свог родног града, као што тврђава Минчета господари над свима осталим дубровачким тврђавама. Родиће се можда с временом и нови какав песник у овом граду поезије и мудрости, али ће он би- ти изданак једног друкчег времена и каквог новог људског колена. Међутим, Војновић је био последњи писац средњовековног и барокног Дубровника; и пе- сник који је дошао да у име Града и себе каже горку реч растанка једном добу и свету с којим они више немају ничег заједничког. Стварно, цео већ XVIII век је показивао мирно и постепено изумирање господ- ског друштва ове мале словенске републике, дру- штва које се гасило без икакве љубави за отпор, ни воље за ма какву утакмицу у животу. Оно је, неоспор- но, било и застарело, а у етничком погледу толико деформисано и отуђено, с нечим тако наивно барок- ним и прециозним, тако упадљиво афектираним и на- калемљеним, и по начину живота и по начину раз- мишљања. Није пропаст републике био разлог пропасти дубровачког друштва, него обратно.

Војновић је ово осетио као неочекивани катаклизам више него као историјску неумитност. Нико сем њега није хтео да ово разуме на тај начин. Сви други људи су долазили да се старом граду диве, али не да га оплачу у његовом трагичном распадању, које је дошло у свој час као што дође сутон и после најлепшег дана. Зато је Војновићево дело тужно као све што је истински дубоко. Дубоко, не можда по песничким идејама, или по нарочито сложеној персоналности писца, ни по посебној изградњи његове уметности, ни по философском гледишту на људске среће и несреће. Ничег од свега тога. Оно је дубоко по једној изванредној меланхолији која је овом песнику била урођена; и по неколико врло трагичних лица која је песник занавек узидао у тамне зидове овог града славе и бола; и, најзад, по неодољивом жаљењу једног песника за пропашћу једног ванредног центра уљуђености и песништва.

Затим, има још нечег горког у случају овог писца и његовог дела. Овде смо у исто време и пред нестанком једног изванредног града и једног изванредног песника. То је нестанак у једном истом грчу и у једнаком ропцу, на начин који је одиста узбудљив. То је и једно умирање у истом жалосном уверењу да су обоје одвећ преживели своје право доба. А велике ствари и велики људи треба да знадну умрети у прави час: пошто не смеју допустити профанацију смрти, смрти која је увек једна мера живота.

II

Због овог и јесу најсугестивнији они Војновићеви написи који су највећма лирични, а не они који су највећма драмски. У свему што је Војновић написао има један велики излив лиризма врло интимног, а често и топлог. Овај досад можда најбољи наш позоришни мајстор био је више човек од емоције него од опсервације; он је више сликао осећања него карактере. Зато је био пре свега лиричар. Сасвим по примеру његовог савременика Данунција. Али је Војновић са овим талијанским песником имао заједнички само укус за емфатичну реченицу и реторички патос, и ништа више. Иначе, Војновић је много искренији и дирљивији када слика пропаст старог света у Дубровнику него Данунцио кад описује људе свог *Мртвог града*. Наш песник и његов град се не дају одвојити један од другог, и то толико да је тај град једно живо биће, друго ја, једна двострука судбина човекова на земљи.

Војновић је одиста био срастао са својим градом, и у делу и у животу. Истина, највећи део својих година проживео је Војновић по другим нашим местима, али се истински осећао и странцем и туђинцем свугде осим у Дубровнику. Он је, стварно, могао још само да се добро осети у Фиренци или у Паризу, јер је био, неоспорно, човек који је осећао велики свет макар и удаљен од њега; и живео унутрашњим животом човека из највиших кругова, макар што није можда ниједан од њих очима видео. Војновић је био сав изграђен на начин једне песничке личности, значи изграђен из оног што је сам изабрао за свој дух: изграђен само од оног што је волео. По далеким прецима Требињац, по ближим прецима и по родитељима православни Бокељ, по рођењу Дубровчанин, али по духу Европљанин какав можда нико није био у толикој мери и са таквом спонтаношћу. И Дубровчанин нарочито по срцу. Други су песници опевали жену коју су волели или личну несрећу коју су отпатили; а Војновић није опевао ниједну своју жену нити иједан лични случај. Он изван Дубровника није имао друге нежности ни усхићења.

III

Свагда сам веровао да само једно песничко дело, од свих људских дела других, не трпи осредњости; и да песма мора бити савршена пошто иначе није никаква. А песма је савршена када је пре свега сублимна. Има песама интимних, непосредних, топлих, чак и дубоких, али то није велика поезија. Велика поезија, то су само извесна места из Дантеа и неке строфе из Петрарке, и неки делови Шекспира, и неки стихови из наших народних песама. Значи, велика поезија, то су песме са највећим мотивима људске судбине и писане највишим људским изражавањем. Верујем да је врло мало песника који су и на једној циглој њиховој строфи домашили те највише песничке вредности. А и они који су успели да се дигну до тих врхова, то су постизали само у изузетно благословеним тренуцима. Ни Гете нема изванредних лирских песама, јер Гете није велики лиричар него велики драматичар. Он је велик у *Фаусту* и у *Ифигенији* и у *Торквату Тасу*, а не у *Римским елегијама*. И Французи имају богату лирику, али се ипак лако може замислити и виша поезија него што је њихова. Француз је искрен, али не интиман; и он не уме бити сублиман, да не пређе у емфазу и да се не изгуби у реторици. У Француској је, што је важно, велика драма постала пре велике лирике, Корнеј пре Игоа; и француски лиричар се излегао у француском позоришту, пред рампом. Зато све у Француза изгледа писано за рецитовање пред великом публиком, а не за читање у самоћи. Када год Француз говори, њему изгледа као да га цео Париз слуша; и све што онамо људи пишу, то је рађено за Париз. Међутим, најлепша је песма баш она која изгледа да је писана само за једно људско биће, за најсавршенијег читаоца. Стари су говорили да треба радити као да нас увек гледа мудри Епикур; а Француз би рекао да треба писати и говорити као да вас чита и слуша цео слаткоречиви Париз. Ми бисмо Словени рекли да треба писати само за најбољег друга и најмилију жену; једино се тако и пише искрено, и, још више, интимно. Али се пише сублимно само кад се гледа у натчовечно и у идеал.

У драмама нашег Ива Војновића има местимице и тих сублимних тренутака. Чак и без сваке емфазе коју је иначе тешко избећи кад се пише за позоришни свет, за слушаоце а не за читаоце. Драмска слика *Смрт мајке Југовића* има одиста таквих полетних сцена. И *Лазарево васкрсење* написано је у једном свечаном тону као и онај косовски комад. За Војновићев театар могло би се рећи: ово је театар без театралности, екстаза без патоса, узбудљивост без срачунатости на опсену позоришним средствима. Ово је пре свега лирика па онда драма: исти случај што и са *Горским вијенцем*. А то значи: ово су ствари велике по лирским дигресијама а не по драмској изградњи. Зато можда и има у њима момената савршено сублимних.

Ма колико различне од других дубровачких сцена Војновићевих, горње драмске слике из српске историје стоје у битној вези са комадом *Allons enfants*. Иво Војновић је имао национално осећање развијено у врло јакој мери. То осећање његово најбоље је било познато аустријским властима које су га држале годинама у тамници као српског националисту. Тако је и после *Дубровачке трилогије* осетио Војновић да је Дубровник, иако велика наша национална слава, ипак само једна епизода у нашој народној историји. Носећи у себи крв старих ратника са великог епског залеђа Дубровника, Војновић је испевао *Смрт мајке Југовића* и *Лазарево васкрсење*, за које би се могло рећи да са *Дубровачком трилогијом* праве једну нову трилогију, органски и морално недељиву, која је, стварно, и душевна исповест и историјски *credo* овог великог патриотског песника.

Дубровачка трилогија је дело Војновићеве младости. Међутим, она је остала до краја живота и његово главно књижевно дело. Ни други писци, ни он сам, нису га више могли надмашити. Ове три мале драме, одиста превасходне у финоћи израде и сугестивности изражавања, остају нашим најлепшим драмским делом деветнаестог века. Оне би се могле звати не трилогијом него триптихом, – речју која се узимала у хагиографији више него у књижевности – толико у том делу има религиозне туге и горког прегарања. У свима осталим својим драмама је Војновић већма позоришни човек него песник. Свако друго његово дело се гледа са задовољством, често и са усхићењем, али само *Дубровачку трилогију* гледамо на позорници са каменом на срцу. Косовску трагедију његове *Југовића мајке* су опевали пре Војновића и народни рапсоди, и то на начин како више нико неће стићи да их превазиђе, као што ни после Хомера нико се неће више дрзнути да опева пропаст Троје. И Војновићева драма *Еквиноцио* је по предмету доста стара, блиска чак и драми Франсоа Копеа *Северо Торели*. А Војновићева драма *Машкарата под Купљем* толико стоји везана за *Трилогију* да је носимо у памети скоро недељиву од тога ремек-дела песниковог. Зато се све драме овог дубровачког писца лако заборављају, често већ на изласку из позоришне дворане, а само се три мале драме *Дубровачке трилогије* носе у памети и даље као три сопствена доживљаја, три сопствене туге. Можда су ове мале драме биле оне три речи које је један песник донео собом на свет да их изговори као да је само због њих и био саздан, и да затим у једном таквом залету освоји све ловоре великог писца.

Ове три драме *Трилогије* су међу собом повезане у једну техничку целину, значи недељиве једна од друге. То је очевидно и сам песник нагласио већ тиме што је на њиховом почетку ставио један сонет као Пролог, а на свршетку један други сонет као Епилог. Ово са формалне стране. Али су и са садржајне њихове стране такођер органски везане једна за другу. Наиме, у првој драми се описује пропаст Дубровачке републике, у другој пропаст дома и имања, а у трећој изумирање властеле као сталежа и битног фактора. Трагедија Дубровачке републике је према *Трилогији* била дакле општа, тотална. Наполеон је уз свирку републиканске марсељезе оборио једну републику словенску на Јадрану, оборио један мали светионик западне просвећености на далекој хриди према азијском варварству! Тај чудни случај јесте прво што освоји пажњу гледалаца као један невероватни историјски апсурдум.

Дубровник и Венеција су били два културна средишта од којих је свако од њих љубоморно чувало своју личност од целог осталог европског света, а још можда највећма од своје националне расне позадине. Дубровник се већ од почетка утврђивао против континента већма него против мора. Дубровник се, нарочито са првим порастом силе немањићке државе, опасивао дебелим зидовима, да би се одвојио од српских династа, истина, не као етничка него као државна јединица. Она велелепна дубровачка тврђава Минчета, која изгледа да стражари над целим морем и свима обалама Јадрана, подигнута је против краља Милутина. – И Венеција је себе изградила насред пучине да би остала тако исто неприступачна, и то пре свега неприступачна својим сународницима на копну. У таквој њиховој усамљености, која би изгледала оличење егоизма, ксенофобије, и скоро мизантропије, ове две јадранске републике су проживеле више него хиљадугодишњи државни живот, са подједнаком мудрошћу, ако не и са подједнаком славом. Оне су у себи нашле довољно силе за отпор и одржање, и довољно генија да свака од њих створи сопствено културно дело, и свој тип човека, и своје посебне дијалекте народног језика. Најзад, била је и чудна њихова заједничка судбина: да обадве падну од исте руке Наполеонове, носиоца закона Француске револуције о правима човека. Застава светог Влаха је, истина, пала срамно, без одбране, без поноса, под сумњивим компромисом. – Песник Војновић је тај наш жалосни случај опевао у неколико бесмртних страница. Како је сваки велики случај у историји имао свог песника, ни овај смак Дубровника није остао без њега. Војновић је био онај који је речитије од свих песника Дубровника проговорио из сваког његовог трулог камена, и са горчином којој још нико није одолео. Било је и већих дубровачких песника него што је био Иво Војновић, али нико није био толико умешен као хлеб од његовог теста, ни толико заливен његовом водом.

Није својим одвећ малобројним бродовима наш мали Дубровник могао заузети Левант, као Венеција, нити је дао, као Венеција, Тицијане и Тинторете, нити је као она подигао палате најлепше на свету, палате које превазилазе својом хармонијом и лепотом сваку музику. Али је Дубровник био, несумњиво, бар најбољи ученик млетачке политичке мудрости и друштвене углађености. Чак је својим моралним наравима стојао изнад целог католичког света, и то кроз сав свој историјски живот. Тај „словински" град није знао за злочине, и када је Венеција била остала кроз векове свирепа као каква азијска сатрапија. Република светог Марка знала је за разврат и карневале по манастирима, и убиства по дуждевским палатама, и за безверја по сакристијама. У једно време се и бројало да је, на педесет дуждева, њих деветнаест било што убијено, што збачено, што протерано. Не кажем и да у републици светога Влаха није било раздора и сплетки. У XVIII веку је Дубровник, чак напротив, био у свету познат баш по својим јавним скандалима, тако да га на једном месту и Волтер због тога исмејава. Али за шест година, колико је једном приликом било завладало у Дубровнику безвлашће, без Сената и кнеза, није се догодила у граду ниједна крађа нити иједан злочин, што је велики понос овог града и овог друштва. А побожност дубровачка је грешила само у верској нетолеранцији; и она је већим делом долазила једино из политичке опрезности. Кад није било тако, онда је она потицала једино од свештенства страног порекла и у служби стране црквене пропаганде. Међутим, у породичном моралу је живео дубровачки свет у словенској чистоти и наслеђеној српској душевности. Најзад, Дубровник је био прибежиште прогнаних владара, политичких бегунаца, скровиште туђих депозита, чувар светих реликвија. Он се угледао на Венецију по укусима, али не и по начинима; по уметности, али не и по моралу.

Само пропаст Косова и пропаст Дубровника, значе за Ива Војновића две подједнаке историјске катастрофе његовог народа. На Косову је пропало наше царство и наше господство, а у пропасти Дубровника је нестала коначно једна наша дотадашња вербална умешност, која је за цео број столећа очувала славу те последње српске државе, и то у процепу између крвопијског Истока и перфидног Запада. На Косову смо примили погибију силније од свих народа на које је наишла азијска инвазија; и у налету у којем је пао цвет властеле и народа једне и друге државе; и у којој су погинули и два цара! Али овде на Јадрану, ајме! дочекали смо катастрофу под цену народног поноса и части оружја. Због овог су утолико више пораз косовски и пораз дубровачки, без обзира на њихове несразмере материјалне, подједнако крупне моралне катастрофе српске историје. Од властелина Милоша Обилића до властелина Орсата Великог, наш живот је вековима само поступно тонуо. А са падом Дубровника, све су већ ватре биле коначно погашене. Војновић је зато у две своје трагедије, у *Трилогији дубровачкој* и у *Смрти Југовића мајке*, опевао ова обадва помрчања свог народа, и то у истом даху и у истом ударцу срца.

Према томе, ове две драме песникове стоје у историјској и моралној вези које изражавају национализам Војновићев, и то у једној светлости која не оставља никакве сенке ни двосмислености. Војновић је добро осетио да је трагично осећање живота у нашем народу одиста тим двоструким поразом било достигло до врхунца. Вероватно да би било достигло и до очајања да повремени српски устанци на разним тачкама земље, чак и у близини града светог Влаха, нису давали сталне знакове народног моралног здравља и отпора, све од једног до другог краја наше етничке периферије. Ипак са оним осећањем што се зове словенском тугом, које смо донели још из праотаџбине, вековима је настављан и наш посебни српски национални бол, као историјски продукт сталних катастрофа и губитака, од Косова до пропасти Дубровника. То осећање, и поред свих доцнијих промена у нашем животу, постало је најзад једним душевним стањем, које ће можда бити пресудно за свако даље уметничко стварање наше расе. Немањићки Србин, који је живео за најмање три столећа у непрестаном успону своје величине и славе, није извесно могао ни замислити бол послекосовског човека, и био је друкчији. А ми смо Срби неоспорно и једини народ у Европи који носи један такав историјски бол као централно осећање свог целог унутрашњег живота, а према томе и своје уметности.

IV

Друга драма из *Трилогије*, *Сутон*, није мање узбудљива од прве, али ни мање историјски истинита. Са пропашћу Дубровника, државне силе и државног морала, све друго нестаје у једној кобној логици и трагичној сразмери. Тако је после Дубровачке репубике одиста брзо посрнуло и пало све што је с њом било нераздвојно, а пре свега огњишта најбољих међу градитељима те републике. Властела продаје своје куће са грбовима, и то не аустријском племству, него херцеговачким скоројевићима. Купац једне такве палате јесте Васо, здрав и срчан и уман човек одозго с брда, иза Бргата, који није само пучанин, него је још и православац. Значи странац за један град који се увек затварао пред иноверцима својим легендарним бравама дубровачким. Био је и странац и противник за једну нетрпељиву верску средину каква је била дубровачка. Што је најстрашније: био је странац и за један сталеж, и то главни, властелински, због којег је једино и постојала ова република, и за чију су сигурност и подизани сви ови зидови и копани сви ови опкопи. Истина, преци тога Васа су дали Дубровнику ово његово словенско име, и његов чаробни језик, тако да би се од века на век могло утврдити како је кад која херцеговачка породица сишла одозгор са брда, на начин оног Васа из Војновићеве трагедије; и како су затим овде постајали властелом и госпарима и песницима. Горе иза Срђа и изнад Бргата, било је наше сјајно српско царство и господство. Онамо су били и дворови легендарних дванаест краљева Мавра Орбинија, о којима се већ од почетка XVIII века у Дубровнику учило; а горе у Требињу код Требишњице, као у Брзјаку у Расу, били су и двори краљице Јелене Анжујске. У Бранковини код исте Требишњице се и сад показује феуд династије Бранковића, која се најпре овде и спомиње.

Дубровник је из тог краја одозгор примао и воду Требишњице, која као понорница Омбла излази у близини града светог Влаха. Све крвне и духовне исхране долазиле су овом граду одозгор већ спочетка. Ако се поред Требиња спомиње бискупија још од деветог века у Чичеву с манастиром Светог Петра и Павла, то је било у доба кад је хришћанска религија била још неподељена на две разне цркве. И свети Влахо, заштитник Дубровника, византијског је порекла.

Између Дубровника и народа у његовој позадини била је разлика углавном државна и политичка, а тек доцније верска и културна. Славни град је тек од 1601, од Мавра Орбинија, учио своју праву народну повест, а то је повест немањићка која династију представља као породицу која је захватала све Јужне Словене, а нарочито Далмацију.

Како је римска Далмација захватала под тим појмом од Мора до Рудника и до близу реке Мораве, византијски писци су због тога често Србе називали Далматима. И Орбини назива српску земљу Далмацијом, у чијем се грбу Немање налазе и све остале земље Јужних Словена. И Стеван Првовенчани назива себе у титули краљем Диоклије и Далмације. Из ових грбова у историји Мавра Орбинија, који су били безмало искључиво српски, и Гундулић је учио о правој националности свог града. Уосталом, никад он није ни стављао у сумњу најближе крвне везе са народом своје позадине. Ово се нарочито види у песничком делу истог Гундулића. У *Осману* је он имао српско осећање расне солидарности са осталим Словенима. Он истиче жељу да пољски краљ Владислав преузме „царску круну Стјепана Немањића", цара Душана Силног, и завлада свима земљама до Црнога мора.

Гундулић пева о Косову, о српским владарима и српским јунацима, а Дубровник доводи у везу са смедеревским деспотима и њиховим потомцима.

Али ова крвна сродност са српском позадином није много ни истицана, јер је право осећање национално заправо тек осећање XIX века, са периодом Валми и Наполеона, и што је политика републике захтевала да се не утапа у једну концепцију држава и нација. Али ту сродност Дубровник није нарочито ни порицао. Дубровник је био до краја више под утицајем талијанским, културно, него под утицајем српским, језично, и то само на своју штету. Својим одвојеним грађанским друштвом постао је Дубровник различнији од околног света народног типа. Али само друштвом, и то највећим, које је и иначе било врло искључиво, али никад несрпско, а нарочито никад антисрпско. Кад су после великог земљотреса 1667. године Дубровчани направили властелом 10 породица чисто пучанских, да замене изгинулу властелу, борба између старе и нове властеле била је дуга и фатална. Нарочито у XVIII веку је Дубровник, тврђава католичанства, био растројен идејама и наравима са стране, консервативним идејама Саламанке и волтеријанским идејама Сорбоне.

Зато је појава оног Васа Херцеговца, из Требиња или из Попова, у овом католичком граду представљала потпуну друштвену трагедију једног бившег и старог света. Овај човек из епске и царствујушче позадине, непрестано свеже у духу оног народа, из ковнице језика, из жаришта православног морала који је био довољан његовом господском соју, сматран је ипак овде туђином и сиротим рођаком, на којег се гледало с висине и без љубави, са свима смешним предрасудама једног одиста малограђанског снобизма. Кад се узме да су два Херцеговца у перо диктирала Вуку Караџићу, један 5.000 а други 7.000 српских стихова у десетерцу, онда испада на штету овог града, који од XIV века пише стихове, да су га те епске песме са живих уста двојице Дробњака, блиских овом Васу из *Трилогије*, извесно надмашиле у свему што је град светог Влаха успео да испева кроз пет векова свог поетизирања.

Никад, ни некад Гундулић ни доцније Војновић, нису певали о Хрватима, нити су ни себе ни свој град звали хрватским. Војновић је певао Србе у својим најбољим драмама. Хрвати, међутим, својакају и Гундулића и Војновића, као што су покрали српске народне песме и издали као своје, чега се стидео један Јагић.

Иво Војновић је био аустријски политички чиновник, кад је требало бити опрезним поред свег песничког узбуђења и искрености; брат му је био српски министар на Цетињу... Зато је своја дела штампао по разним странама. Чак је свој први оглед „Пад Дубровачке републике“ написао на немачком језику, 1880. године. Матица хрватска штампала му је у својим издањима причу „Геранијум“, али „Лападске сонете“ је штампао у српској *Босанској вили*, 1910. године. Књигу *Машкарате* је штампао у Прагу. Драме *Југовића мајку* и *Лазарево васкрсење* штампао је у Београду, где је он био истински вољен и због свог великог талента, и због свог властелинског српског господства, и због тога што је он носио аустријске окове као српски патриот. Не могу рећи и као југословенски револуционар, јер се онда није говорило о

Југословенима, а Хрвати су били под хабсбуршком заставом.

Његовим тестаментом сутрадан после смрти, 31. августа 1929, [потврђује се да] он завештава малу бронзану статуу светог Влаха, коју је добио од дубровачких госпођа, младом краљевићу Андрији.

V

Дубровник је увек био град а не раса; *полис* а не *ѓенос*. Дубровчанин није никад дозвољавао да га зову ни Далматинцем, а камоли Херцеговцем. Зато овај Васо није овде сународник него туђинац, који долази да отме огњиште и скине грб са куће старих племића и импровизиране властеле. Јер можда нешто мало више од једног јединог столећа, та властела је после великог земљотреса 1667. г. једним решењем Сената, и после погибије старог племства, импровизирана у нову властелу. А било је случајева да је у понека времена Сенат наређивао: да је властели забрањено да продају месо по граду... Васо је купио у Дубровнику палату Тутузића! За песника Војновића је ово био смак света, као да се тицало каквих Медичија или Рохана. Све што је у вези са дубровачким аристократским добом, њему изгледа велико као космос. За песника Ива Војновића, уопште, пут у небо води преко Дубровника...

Међутим, да је неким добрим случајем у оном Дубровнику XVIII века било слободног пучанства, а у његовој околини здравог и слободног сељаштва, све би још можда и могло бити спасено. То јест била би можда спасена част заставе светог Влаха! Али и поред свега тога што госпари дубровачки нису хтели да изгину на вратима од Пила и Плоча, они су ипак показали своју грађанску величину тиме што су извршили поступно самоубиство свог сталежа. Очајавајући за својом изгубљеном слободом, и решивши да се више не жене у ропству под туђином, они су лагано изумирали, не женећи се више, или женећи се рђаво. Такав племенити бол наших госпара за њиховим Градом јесте можда јединствен пример у историји света. То је одиста једна велика црта у историјском карактеру дубровачког племства.

Седам година је трајала француска окупација овог родног места наших песника: старог Ива Гундулића и нашег савременика Ива Војновића. То је, несумњиво, било једно жалосно раздобље овог града. Али је још била помисао да су победиле идеје Француске револуције ужаснија у једној оваквој аристократској републици, и у једном католичком граду. После тога је живот у граду постао немогућ. Ова католичка и племићка државица талијанског типа, морала је Наполеона сматрати Антихристом, а револуцију, коју је онда Наполеон представљао, најстрашнијом анатемом. Према томе, племство, које је у XVIII веку само делимично и из снобизма симпатизирало Волтеру, било је падом републике баш оно прво погођено, и као политички систем, и као грађански сталеж. Затим, са доцнијим покоравањем Дубровника и Далмације од стране Аустрије, које је дошло после француског боравка у овом нашем Приморју, госпари су били још решенији на ишчезавање својих отмених породица. Ово изумирање дубровачке властеле било је одиста тако поносно да је изгледало као прави тријумф над животом!... Драмски акт Војновићев

Сутон, у неколико речи, изазива овај случај на начин изванредно дирљив. Ово је опис једног патриотизма који није херојски колико господствен. Али волећи већма смрт него резигнацију, било је све ово равно херојству. Врло кукавички пад Дубровника за време Лауристона, генерала Наполеоновог, искупило је једино племство, и то сада осуђујући само себе на самоубиство.

Ни трећа драма *Трилогије, На тараци,* није мање горка од две пређашње. Она иде за истим црним концем за којим је пошло и све остало. Најпре је пала држава, затим пропадају имања, огњишта и најзад после свега тога, пропадају људи и грбови! Ово изумирање племства у овој трећој драми, описује се у грофу Лукши, једном од оних који су још за време Ива Војновића пролазили Страдуном, нежењени или лоше жењени у конкубинатима, као већ готови туђинци у животу, као праве сенке у новом Дубровнику.

Лукша се није ни сам женио, пошто је то било у духу горњег решења. Његова плава крв је остала само у његовој дегенерисаној копиладу по Жупи и по Конавлима. Разговор овога грофа Лукше Менчетића, којим узалуд покушава да у једном таквом свом ванбрачном сину, који се зове Вуко, из Конавала, изазове глас господског атавизма, јесте одиста крваво парче истинског живота оног доба. Ми се сви овог времена сећамо као да је било јуче. А тај узбудљиви комадић дијалога већ је постао чувен у нашој књижевности:

Госпар Лукша: А што би ти реко, да ти неко наједанпут каже: Знаш, Вуко! отац ти је био господ... Умро је, па на смрти оставио ти је блага – и кућу – велику ... рецимо овакву – како је моја!...

Вуко: Ајме, господару! што ми се ругате...

Господар Лукша: Говорим како што се говори. Не могу поћи спат. А исто ми је разговарат с кијем му драго!...

Одговори ми: да ти се отвору врата ове куће, па да те служба поздрави и прими, а неко ти пружи руку и рече: Ово је палац твојијех старијех. Ти си властелин! – Да, да, не служи да се срамиш! Шала је... Ма било је у животу и такијех приповијести. Што би ти учинио, Вуко, да ти ову кућу даду?

Вуко: Ех, да ти право кажем ... Господару, прод'о бих је.

VI

Постоји можда један театар Ива Војновића, као што постоји један театар Ибзенов, или данас театар Пиранделијев. Ово значи да у Војновићевим драмама има извесни духовни свет који је нов за књижевност, и који је творевина једног изванредног мајстора. Одиста, људи који нису рођени у Дубровнику или близу Дубровника, и који не познају тај град него само издалека, не би без Ива Војновића могли дубровачко друштво замишљати друкче него везаним за његову далматинску покрајину. А оно, међутим, баш с том далматинском покрајином стварно нема ничег заједничког. Док је Дубровник био државицом, и значио нешто сам за себе; дакле пре него што је постао малим аустријским пристаништем, а затим југословенским провинцијским градом, Дубровник је био потпуно један мали свет за себе. И то град само између двоја његова градска врата, којима се у сујети за својом сопственом слободом одвајао, као што смо видели, од целе националне позадине. Хум је долазио до његових врата на Пилама, а Херцеговина до његових врата на Плочама. Дубровачки је Сенат у прва времена плаћао за винограде који су око зидова данак 72 дуката (по 36) кнезу захумском и кнезу травунском. Па ипак сви Војновићеви типови, иако врло национално неразговетни, људи и жене, својевољно деформисани и извештачени, изванредно су лепо насликани у њиховој краткоћи, површности, летимичној појави. Довољно је неколико тренутака у дијалогу Војновићевом, да цело једно духовно обличје испадне до крајње мере рељефно и прецизно. Та краткоћа и јасноћа показују нешто можда невиђено и код много јачих писаца. Све је у испрекиданим и сувишним реченицама, у почивкама између две одсудне речи, и у два предаха, у оном што је остало неречено више него и у оном што је казано. Без Војновића, одиста би Дубровник био изумро као без свог најпоузданијег сликара. Писци дубровачки, који су њему претходили, оставили су нам своје хладне стихове, и мање-више добро срочене строфе, али не и психологију једне средине, менталитет једног сталежа, сујету једног локалног патриотизма. Због тога Иво Војновић није био само један велики дубровачки трубадур, него исто толико најпоузданији дубровачки морални историчар последњег времена.

У духовитом и философском XVIII веку, по Страдуну су се укрштали мачеви наших онамошњих слободоумних Сорбонеза, у одбрану Волтера, и наших консервативних Саламанкеза, у одбрану светог Томе Аквинског и Лојоле. Али књижевност после Гундулића, за читаво једно малокрвно столеће, остала је била без јаке песничке личности. Тако је и даље продужило, у ситним појавама дилетантизма, у случајним књижевним пригодама, које су у памћењу једва остављале трага. То је било баш оно раздобље у којем се највише израдио дубровачки барок у начину мишљења и у начину језичног изражавања, извештаченост у опхођењу, и наивно подражавање великог страног света на целој линији. Понављам своју тугу што је из Дубровника тражено одвећ мало везе са великим традицијама херцеговачке немањићке позадине, врло господствене и епски величанствене и у својој доцнијој сиротињи и несрећи. Зар се ова средина смела потпуно одвојити од једног господског појаса одакле су извирали српски десетерци, који су лепотом и сублимношћу превазилазили све што је икад испевано слично међу народима онога доба! Сервилно угледање на странце, паланачки снобизам према туђини, нарочито према Венецији, били су фатални и за републику и за књижевност ове наше мале Атине, или наше мале Фиренце. Дубровник је у XVIII веку изгледао већ као брод који се насукао на песак, и који није више могао ни напред ни натраг.

Уосталом, дубровачка књижевност није никад била народска, ни довољно оригинална по духу. Чак је за добре две трећине била у компилацијама, а једним добрим делом и у плагијатима. Држић и Менчетић плагирали су Петрарку. У старијој поезији ипак је било све лаичко, и ништа католичко, и ни најмање мистично. А кад је и било нечег мистичног код дубровачких песника, то је било, као у Ветрановићу, више дидактично хришћанство него права верска инспирација. Никада, очевидно, дубровачку књижевност није успео заразити познати верски фанатизам и нетрпе љивост дубровачког Сената! Ни политика дубровачког клира, који је најчешће био пореклом талијански, највише језуитски, значи крајње непомирљив, није налазила подршке ни одјека у делима дубровачких песника, макар што је овај град био вековна тврђава католичке пропаганде за српске и друге балканске земље, све до Софије, и до Влашке, и до Молдавије. Епос *Осман*, врхунац дубровачког стваралачког генија, најмање је католички инспирисано дело, иако је рађено под утицајем религиозног епоса талијанског. У њему је више духа Ариостовог него душе Тасове. И у њему је више словенства него католичанства. Могло би се рећи: нема у њему ни властелинске охолости, ни католичке искључивости, него скоро православна мирноћа и пучанска ведрина. Ово није ни случајно ни неприродно. Дубровачка лирика није се родила у средњем готичком веку Дантеовом и Петраркином, него у доба тријумфа трубадура, нарочито за време радосне, и еклектичке, и јелинске ренесансе. Динко Рањина је био хуманист и паганац.

VII

Можда је Иво Војновић био први од дубровачких песника који је јаче нагласио ову племићку црту дубровачког друштва. Бар нико други није томе поклонио толико осетљивости, ни пре ни после великог дубровачког земљотреса. И сам пореклом друге вере, православне (све до његова оца), и друге покрајине, Боке Которске, Иво Војновић је сликао у Дубровнику оно што је било најупадљивије баш за човека који је све главне ствари гледао из перспективе, значи који је сам лично био новак у тим обама случајевима. Затим, и као лиричар, Војновић је волео контрасте, као што је драматичар Војновић грамзио за сукобима. Зато он слика и чудне предрасуде свог дубровачког друштва са симпатијама. За властелинку Мару Бенеша, која је уосталом једна задоцнела прециоза, Војновић је препун страхопоштовања као за какву Изабелу д'Есте, или какву војвоткињу од Монморанси. Ова Мара Бенеша, иако је била одиста дворска дама царице Марије Каролине, имала је претке амбасадоре старе и сићушне Дубровачке републике, који су примани и код највећег императора свога времена, Карлоса V, али са церемонијама истим са каквим су били примани и амбасадори Кине, највеће државе под сунцем. Ову жену такво сећање толико ошамућује да она, упркос и свом песнику Војновићу, постаје помало оперетска личност. Можда и зато што је песник ту дубровачку „владику" одвећ засладио, и одвећ „опевао". Њено господско гађење за младог кмета Луја, пучанина и капетана трговачког брода, којег воли и за којег хоће да пође њена кћи Павла, изгледа комично. А затим неприкривени страх ове исте властелинке од херцеговачког трговца Васа, који купује палате са грбовима, изгледао би сваком претеран у једном овако малом граду као што је био Дубровник, који је ипак, и у суштини, био град трговаца и бродара, који су ишли за караванима своје робе на Фочу и Нови Пазар, а трговали сами на својим бродовима. У дубровачкој кући се говори као у Фиренци за времена Лоренца Величанственог. Међутим, у том граду није никад било ни флорентинског салона, ни венецијанске раскоши, ни француске духовитости.

Па ипак, иако можда претерана, ова Војновићева опажања нису нетачна. Дубровачки свет је одиста у песниково време био господствен, колико год је био мален и сиромашан. Ова Мара Бенеша, макар била и чудна према младом капетану Лују, није нимало неверована у односу према својој кћери Павли, за коју верује да има пре свега дужност према свом породичном грбу. Уосталом, од свих људских сујета, извесно је најнепомирљивија сујета сталешка. Људи су се кроз векове грчевитије држали за свој сталеж него и за своју религију; и лакше су мењали и веру него што су напуштали племићки сталеж. Тако је и другде у нас Срба било после Косова. Данас се и у европском друштву мање полаже на нечију веру него на његову друштвену класу. Мара Бенеша је живела у хипертрофији тог осећања сталешког и на живот гледала са таквим историјским романтизмом. За њу је племство чак нешто више него и љубав, и брак, и породица. Свеједно хоће ли њена кћерка, поставши скрушеном дувном у манастиру, онде бити најзад сасушена као грана маслине. Племство је нешто апсолутно, као и каква религиозна институција, и као какав верски ред, у коме се личност губи пред општим обзирима, а разум пред друштвеним правилима.

VIII

Има напослетку и једна нарочита лична црта у Војновићевој прози која ће задуго имати посебног чара. То је његов „дубровачки језик“. Овај језик је иначе таква једна смеса српског и туђинског, у речима, а нарочито у конструкцији реченичној, да он најбоље показује колико је Дубровник био сам у себе затворен, и од сваког другог одвојен, и колико се стога у њему могла развити манија и извештаченост. Случај што је Дубровник увек радије прилазио туђем Западу него домаћем Истоку, својој националној матици, ово је нарочито лоше утицало на његов језик, што се осветило његовој књижевности. Не заборавите да ова лабавост у осећању за свој језик долази још и од једног нарочитог историјског факта: наиме, сам дубровачки народ је био спочетка чисто латинског порекла, а према томе и латинског језика, а тек се затим тај мали пук пословенио. Крајем XV века дубровачки Сенат уопште забрањује нарочитим *senatus consultum*-ом словенски језик на дубровачком земљишту: *Lingua slavica omnino prohibeatur*.

Непомирљивост ове две разне крви у Дубровчанину, осећала се вековима кроз дух и творевине овог града. Додајте томе и да су све до пред крај XIV века овом републиком владали млетачки гувернери послани од дужда, и да је и језик званични бивао и латински и талијански. Кад је цар Душан долазио, године 1345, са царицом Јеленом и сином краљем Урошем у свечану посету Дубровнику, кнез дубровачки је још био један венецијански племић. Са почетком XVII века је затим и познати Језуитски лицеј ширио страну науку, али и страни дух, пошто су језуити били већином дошљаци и странци по раси.

Због овог двоструког порекла, дубровачки тип је психички био друкчији него човек из ма којих других крајева нашег језичног појаса. Од првих Латина, насељених из потонулог Епидаура, остала је овде и јака љубав за форму и формализам, за углађеност у друштву, за опортунизам у животу, и најзад за политичку нетрпељивост, и за *odi profanum vulgus*. Све ово одиста није било словенско. Али верујем и да се за хиљадугодишњи опстанак слободе Дубровника, има захвалити оној туђој половини дубровачке крви. Неоспорно више него крви нашој, која ниједну од својих толиких држава није умела сачувати. Међутим, додајемо без устезања и овај други факат: да можда оном делу туђинске крви треба приписати и жалосни и унижавајући начин на који је република најзад пропала.

Овом делу туђинске крви треба приписати и потребу старих Дубровчана за један виши и углађенији друштвени живот. Бежало се зато од народног говора који им је изгледао простачки, сасвим по осећањима Талијана, чија је духовна тиранија овде примана и одржавана вековима. Српски владари, чак и сам цар Душан и највиша српска властела, и лица из наших епоса, долазили су у Дубровник као „наши" људи, онде остављали свој новац, драгоцености, тестаменте.

Али су, сасвим природно, ови владари са Балкана овде изазивали страх и завист, више него инспирисали пример и углед. Хрватски ниједан краљ није никад завирио у Дубровник; а кад су у борби Дубровника против херцеговачких кнежева Војновића Дубровнику понудили помоћ кнежеви из крајева Хрватске, значи с ону страну реке Цетине, Дубровчани су одговорили, како пише Орбини, да су Хрвати одвећ далеко: *da paesi molto lontani*.

Тако је и Херцеговина, која је израдила језик за цео југословенски свет, била у Дубровнику, у културном погледу, најзад сасвим страна. Били су овде најискреније и најдуже вољени Катул и Тибуло; а дубровачки песник Церва је на римском Капитолу окрушен, као Петрарка, за своје латинске стихове. Хуманизам је био потпуно одалечио Дубровник од његове народне језичне матице. До Чубрановића, или чак до Гундулића, није се уопште овде ни осећала лепота ни богатство народног језика. Све се доносило са стране бродовима: роба, израђен камен, мајстори, књиге, идеје. Лош језик, иако српски штокавски, није био способан да се развије у прави књижевни језик, на том малом књижевном тлу. Занимљиво је да Дубровчани, и поред свега тога што су, како пише професор М. Решетар, раније писали ћирилицом, која их је везивала за српску традицију, нису били с њом већма везани него за латински свет. Дубровчани нису одобравали ни штампарију у своме граду, макар што су српске књиге биле штампане на црногорском Ободу већ 1493. године.

Талијанска патетичност и барокна афектација у начинима, одржале су се овде до времена самог песника Ива Војновића. Истина, властелинка Мара Бенеша у *Трилогији* се усхићава једино стиховима Дантеовим, мада је Вук Караџић био већ убацио у Дубровник две српске епопеје, о Косову и Марку. Мара их, извесно, није ни видела, макар и била рођена на самој обали оне земље у којој су те чудесне српске народне епопеје биле и испеване. Мара Бенеша је мање Дубровчанка него странкиња, и као сталеж, и као језик, и као дух. Нарочито као језик, и Војновић је јединствен пример барока којег нам је, уосталом, једини баш сам Војновић и оставио у целој његовој настраној и помало смешној лепоти.

За четири столећа писања, Дубровчани нису успели да створе књижевни језик дигнут до уметности. Осећање језика је имао једини Гундулић. Право је чудо колико су бежали дубровачки писци од чистоте језичне, која је, међутим, увек била жива већ с ону страну дубровачких зидина. Ја то приписујем утицају дубровачког клира, страху од православља. Право је чудо како су до Чубрановића дубровачки песници, као Држић и Менчетић, писали и чакавски, мада је сва обала, и до иза Неретве, била штокавска и српска. Тек пола века за овим, Чубрановић почиње писати штокавски, што је затим прихватио и Гундулић, нама од свију најближи по духу и језику.

Тако је и на другој страни српског народа Лукијан Мушицки, из истог смешног снобизма, побегао доцније од народног говора у црквенословенски, и на тај начин и своје сопствено књижевно дело унаказио и онемогућио. – Зар није бизарно и то што су дубровачки песници говорили штокавски, а писали чакавски! У једно време је ово био можда утицај сплитског песника Марулића, али, углавном, то је била само једна књижевна манија: латинско бегање од језичне језгре у позадини, и од расне средине, која је била иноверна. Истина, после Гундулића се нико више не враћа на чакавштину, „дијалект“ једног другог народа и другог тла. Али нико, од свих дубровачких писаца, па ни сам Војновић, није успео да пише књижевним језиком косовског епоса, који је, међутим, једино мерило и једини узор и пример за сву српску штокавштину на којој је, међутим, написана и цела дубровачка књижевност.

Трилогија Војновићева није можда ни могла бити написана друкче него жаргоном којим и данас говоре неколико заосталих госпарских и властелинских породица, и којим је говорио и сам песник *Дубровачке трилогије*, а који је и Дубровчанима и нама у околини Дубровника био увек врло сладак, макар и пуно детињаст. Чак би можда у чистијем књижевном језику ове мале драме изгубиле од своје непосредности и извесне егзотичности; јер је локална боја *Трилогије* истовремено и њена главна одлика. Песник се, срећом, са мајсторским осећањем мере, и увек врло опрезан, ипак пуно чувао да прави злоупотребу од појединости тог малог наречја, какофоније туђих израза, или претеривања у бизарностима.

Додуше, ни Војновић извесно није умео писати другим језиком него у тим дубровачким реченицама, чији је сав крој талијански. Војновић је, најзад, био и последњи дубровачки писац који је уграбио времена да са још живих уста скине и забележи те реткости дубровачког жаргона, често и тако слатког у његовој апсурдности. Стари госпари су изумрли, лагано ношени од факина на њихово гробље Михајло, где је и песник најзад легао: гледајући испред себе са горчином, а иза себе са ужасом.

IX

Има нешто у Дубровнику што нема ни у једном другом средњовековном хришћанском граду: а то је чемерни култ прошлости, који је дигнут до живота; и обожавање традиције, која је стављена изнад прогреса. Наћи ћемо у талијанској Фиренци или у шпанској Саламанки какву палату некоје њихове славне властелинске породице, али ће њихови земљаци додати у разговору да је какав њен последњи шеф сада директор какве банке, господар какве фабрике, управник какве болнице, сенатор или извозник, ако не рекне да је славан научник, ботаничар, археолог. Међутим, у Дубровнику ће вам, напротив, говорити како су трагично као нежење и десператери изумрле старе дубровачке кнежевске породице, Кабоге, Гундулићи, Пуцићи, Тутузићи, Бенеше, Соркочевићи, који су били и амбасадори код цара Душана и султана и папе и Карлоса II у Гранади; и упреће прстом на какву палату у којој изумире какав такав властелин осиромашен, напуштен, погажен својим временом, без смисла за ново доба и нове људе око себе. Нешто као црна застава, извешена на стуб Орландов на Страдуну, лепрша непрестано у средини гомила које онуд пролазе, куда је, замишљен и са цветићем у капуту, пролазио меланхолично и последњи песник овог града конте Иво Војновић.

Тако су умирали дубровачки песници, који су пореклом били или већином из православне Херцеговине, или добеглице из папске Италије, али ни са које треће стране. Умирали су као свећице заборављене на гробљу, као фантоми, манијаци. Ми смо са радошћу гледали и слушали једног Ива Сораку или једног последњег Ђорђића, јер то беше жива слика не само неколико векова дипломатије и књижевности, него и личне ерудиције и личне отмености. Њима ће судбина доделити и да дочекају оба катаклизма европска, у којима су видели највеће поразе и погрде свога града, чија је властела увек била и остала српска.

Као пример колико су Дубровчани били везани за традиције и свој Град служе ове анегдоте, које памтим из детињства у својој кући.

Једна млада властелинка, тек удата, отишла је у посету својој мајци у њену кућу, изненадивши и родитеље и браћу како је није допратио њен муж. Али су помислили: да ће муж извесно доћи да је сам врати у њихову породицу. Муж, вративши се кући, сазна да је његова жена сама отишла из своје куће, и помисли: ваљда ће је њена браћа допратити натраг. Тако је прошао цео живот ово двоје племићке деце која се никад више нису састала, а целог се века очекивала, јер се поставило питање да ли је по традицији био ред да муж оде по своју жену њеним родитељима, или да је родитељи и браћа врате из посете опет у мужевљеву кућу. Не треба да додајем да је ово очекивање с обе стране прошло у тишини у којој је и све друго живело и умирало у овом граду, који и сам изгледа окамењена лађа која се насукала на једну српску стену.

Ево још један пример карактеристичан за то старо друштво.

Неки властелин, сазнавши за неверство своје жене, и решивши се да јој се освети, свако вече враћајући се са закашњењем кући, док је жена већ спавала, прилазио мирно кревету и посувраћао покривач на ногама своје жене. Од тог се она често прехлађивала, најпре добивши кијавицу, а затим и катар у грлу и плућима, и најзад и туберкулозу од које је и умрла. Ово је узело дуго времена, али је мрачни циљ ипак био постигнут. Традиција је тражила понос властелинског грба, и Дубровник, који је хладан и тежак и некомпромисан, тражио је да освета буде извршена макар и свирепо, али пре свега у потпуној тишини.

Трећи пример дубровачког поноса, који је као питање части целог једног сталежа био немилосрдан и прек, то је жалосни случај последњег потомка песника Гундулића, који се звао Франо Гундулић, којег се сви сећамо из детињства, кад је у свечаним литијама носио огртач и мач витеза Малте, и папски орден. У моменту када је Франо Гундулић, последњи изданак своје славне куће, био начелник града светог Влаха, догодио се случај да је у каси општине опажен мањак од десет хиљада форинти, непажњом других, или злонамером његових противника. Да се славно име Гундулића не би изговарало с поругом у њиховом старом граду, Франо Гундулић, начелник града, отишао је најпре да купи две велике воштанице, које је ставио с обе стране своје постеље, и обукавши се у свечано одело, скинуо са зида Христово распеће, с којим су умрли и сви његови преци, а затим мирно испио чашу отрова. И последњи Гундулић имао је овако очи најпре на својој властелинској традицији, и нестао у тишини, која у том граду лежи на свима великим стварима и у свима интимним догађајима.

Такав свет, чудан, и на свој начин врло компликован и дубок, за какав нису знали остали дубровачки писци, осетио је и описао магистрално само песник Иво Војновић. Госпари Минчетићи су подигли високу тврђаву Минчету овде у самој падини Срђа, која господари целим оним земљиштем и морем, и без које Дубровник не би имао своју ненадмашну лепоту и свој символ тишине и сигурности; али је и песник Иво Војновић сазидао један цео свој град, своје куле и своју тврђаву, која, као и Минчета, господари над једном великом епохом дубровачког живота и дубровачког духа.

То је оно друштво које је он унео међу нас у својој *Трилогији* и својим осталим дубровачким написима. Оно је занавек његов свет, његов психолошки континент, његова тајна, и по трагичности тих чудних бића, и по стилу, и по језику. Нико више не може писати о једној периоди старог друштва у овом граду данашњих добеглица из свих несрпских крајева, под именима чешким, пољским, хрватским и словеначким, говорећи језиком аустријског чиновништва и мађарске жандармерије. Песник Иво Војновић, рођен на Страдуну, на време је заклопио очи да не види на тој старој улици и нове саблажљиве прилике, тек после нешто више од десетине година његове почивке у чемпресима на гробљу светог Михајла. Он није видео 1941. годину.

Војновићева култура, већином књижевна, и латинска углавном, представљала је једног ерудита, салонског дебатера, отменог конферансијера. Култура нарочито француска. То се види по целој конструкцији његовог позоришног дела, у којем је на српском језику остао првим латинским мајстором. Без намере да свој свет филозофише, или да историјске ситуације продубљује, он је све то изразио без талијанске склоности за емфазу и проливеност, стилом суптилним и лаким, понекад лепршавим, и што је толико личило његовој отменој појави. Његова сугестивност је ишла увек испред његове речитости. Те мале позоришне ствари су читаве мале трагедије, које се не бришу из памети оних који су их једном или читали или гледали. Сад је Дубровник сличан Војновићевим драмама, више него су Војновићеве драме сличиле Дубровнику...

Кад је Иво Војновић за време европског рата годинама чамио у аустријској тамници под сумњом да је србијански револуционар, он је ту судбину подносио с уверењем да га је та тамница туђинска још тешње везала за чемерну судбину његовог народа, а зато и његовог града. А кад је десетину година након тога лежао слеп у београдској болници као Хомер и Милтон, он је и у тој личној несрећи видео катастрофу свог народа и града, а нарочито свог града, чије је тајне он једини најбоље сазнао; а био затим и ослепио, кад више није било светлости ни на једном путу куд је његова мисао кренула.

Његов *Еквиноцио*, чији предмет толико подсећа на једну драму Франсоа Копеа, не спада у ред најизразитијих Војновићевих написа, као ни његов једини роман, иако је тај комад с врло пуно колорита. А још мање спадају овамо његове драме *Госпођа са сунцокретом* и *Imperatrix*, које су чисто сценичне сензације. Али спадају његове *Машкарате под Купљем* и неке причице. У свакој његовој ствари има, свакако, иста мера и књижевног смисла и европске отмености. Војновић је био изразити Европљанин, макар што можда није никад видео ни Париза ни Рима. У личном додиру тако исто, Војновић је био неодољив, најсавршенији пример господара свога града. Краљу Александру, којег је обожавао, оставио је своју икону и слику светог Влаха, заштитника његовог града, који је са овим песником имао једно од својих најсветлијих доба.

X

Иво Војновић није одвајао своју меланхолију Дубровчанина од невеселе традиције своје српске расе. Оба брата, Иво песник и Лујо историчар, тврдо су држали, чак и отворено изјављивали да су они потомци Војновића из XIV века, дакле српске властеле и српских династа, које као такве описује Мавро Орбини у својој историји, износећи породични грб те породице. Од Војина су Војновићи, доцнији Алтомановићи, господари Требиња, непријатељи краља Вукашина и кнеза Лазара. – Српска народна песма и традиција спомињу Војина Војновића, непознатог историји, као мужа сестре цара Душана. Тако овој требињској династији даје се за престоницу Ужице, и Војновићи наши и сами су се дискретно називали Ужичким.

Не би било можда све ово ни много чудно. Енгел пише како је Маројица Кабога, дубровачки амбасадор, идући за Цариград 1706. године, писао да га је у Новом Пазару посетио кнез Војин Војновић, који је, каже, прешао с браћом из Требиња и Попова 1695. у Херцег-Нови са неколико стотина српских домова, а да је тада, као Портин васал, управљао требињском и поповском области. Одиста зна се о овој сеоби херцеговачких кнежева Војновића са народом и са Стратимировићем у Боку Которску, кад су Млеци опет повратили Херцег-Нови 1683. године. Овог самог кнеза Војина спомиње и историчар Шиме Љубић у великој својој књизи о Дубровнику од постанка до иза Морејског рата.

Накићеновић у својој књизи о Боки каже да су повели Војновићи из Херцеговине том приликом стотину породица српских, и да славе светог Јована по Божићу, и да су се одселили у Дубровник и у Одесу. Од Василија, рађа се Митар, Јован и Ђуро. Од Ђура се рађа Јован, крштен 1811, који је, као и сви од њега, био православне вере. Био је, како је забележено у Савини, ожењен од Срба Гојковића 1831. и имао синове Ђура и Коста. Рано је умро, 1837, а мати се преудала за Пелегрина у Задру, те и децу покатоличила.

Косто је био професор универзитета у Загребу. Тома К. Поповић пише да је Јован гроф Војновић сахрањен у православном манастиру Савини код Херцег-Новог, а споменик је поставио син Ђорђе са овим натписом: „Своме милому родитељу Јовану Војновићу, потомку славне српске породице, у знак благодарности – Што му је крвљу у аманет предао – Љубав к српском роду ––Ову надгробну плочу положио је а себи приправио син Ђорђе, 1887." – Овај Ђорђе је био председник далматинског Сабора и члан Сената у Бечу, који је такођер сахрањен у овој гробници са натписом на крсту где се већ зове и кнезом и Ужичким: „Кнез Ђорђе Војновић Ужички – рођен на Крстовдан 1833 – умро 11 септембра 1895." Ово је био стриц песника Ива Војновића, сина Костиног.

И овај кнез Ђорђе Војновић, и брат му др Косто, професор универзитета, крштени су на Савини, што се разабира из „Књиге крштенијех" у истом манастиру. За кнеза Ђорђа, свог прадеда, пише његов нећак Лујо, син Костин, да се оженио неком Талијанком, рођеном Анђели Радовани из града Анконе, а она је после смрти свог мужа превела малог Косту, већ у Савини крштеног православца, у католичку веру, а неки кажу и брата му кнеза Ђорђа, који, међутим, лежи на православном гробљу манастира Савине, пошто је себе назвао и кнезом и Ужичким, и свог оца Јована опевао у натпису као идеалног Срба. О овој превери пишу которске православне цркве. Отац песников је дететом преверен, а Иво је према томе први крштен у католичкој вери. Уосталом, ова српска породица бокешка била је у вези са песником Његошем, који је к њима залазио.

Можда је било потребно да ово наведемо због бољег разумевања дубровачког патриотизма Ива Војновића. Макар и овако везан и за Херцег-Нови, и за Ужице, и за Требиње, имајући на својој породичној гробници на Михајлу дубровачком грб, по Орбинију, династије српске кнеза Војина Војновића, овај благородни песник није затајио ту дубоку везу са српском мученичком историјом. Он је био мученик за Србију у аустријској тамници, а затим је написао и две изванредне патриотске српске трагедије *Смрт мајке Југовића* и *Лазарево васкрсење*, које су најлепше песме љубави мајчинској, као и две јединствене егзалтације српског патриотизма. Војновић се у српској књижевности можда нарочито обележио овим родољубљем које не оставља никакву двосмисленост. Тако је последњи бард дубровачки био српски песник, као што би се то по инспирацији и изражавањима могло приписати самом Иву Гундулићу, највећем песнику дубровачког средњег века.

Ваљало је и да дубровачки песник Иво Војновић умре у Београду 1929. на десетину година после него што је за тај српски град носио по тамницама аустријске букагије. Тај дан песникове смрти одиста је био испунио дубоком погруженошћу нашу престоницу. Као светли алој који више није имао снаге да гледа за сунцем, клонуо је и племенити живот овог мирног и уморног песника. А затим нечујно, он је прешао најкраћи од својих путева: из живота у бесмртност.

Као песник, који је увек мислилац, он је морао и на задњем часу веровати да је смрт једна утопија и предрасуда, пошто је умро са мирноћом са којом су умирали само светитељи и мудраци. Слепац већ више месеци, закован за болничку постељу, ипак се нико није толико очајнички борио да се не ишчупа из живота. Зашто? Живот му је већ и тако био одузео све што чини лепоту и смисао живота. Танки кончић између његовог духа и спољнег света, духа који је остао ненадмашан, макар био истовремено дух детета или девојке, и света који је био још уз њега, поред њега, дубоко у њему. Иво Војновић ниједног момента није веровао у смрт, ни када није више пред собом видео ниједног путића којим се ишло у живот.

Војновић је, међутим, веровао да је постао и потребнијим него икад. Овај песник је поверовао доцнијих година у своју мисију националног песника, нарочито пошто је већ био написао две своје српске драме *Мајку Југовића* и *Лазарево васкрсење*. Он је веровао да је тек с њима био нашао свој пут, и из дубровачке анегдоте био ушао у историју. Уопште, Војновић, пошто је носио аустријске ланце као српски револуционар, био је постао другим човеком: патња га је била искупила, увеличала, осветлила. Најбољи читалац и рецитатор у нашем народу, Војновић ми је читао с узбуђењем само стихове из две горње драме. Можда више с усхићењем што је у њима било већ написано него по оном што је у њима остало још неречено.

Човек старе и лепе крви, био је у својим замислима све млађи и смелији. Замишљао је, као што је говорио писцу ових редова, још једну српску драму. Можда је с тим болом најтеже напустио свој народ. Одиста, живот има свог смисла само ако има свог циља, и докле год има тог циља. Кад је држава, створена 1918. године, већ постала иронијом свих својих тобожњих идеала, и пала у руке политичара компромислија, живот овог песника *Југовића мајке* није даље био подношљив.

МИЛОРАД Ј. МИТРОВИЋ

I

Митровић је био песник који је своју литературу правио с најмањом мером блазираности, и са једним уверењем које је одавало његову тако једноставну и непорочну душу. Ја сам га зато волео. Волео сам га, јер је већма него икоји од наших писаца био фанатик у књижевној лудости. Он је веровао да је песник послан од Бога у велику људску пустињу да не дадне људима да се поживотиње и изгубе способност говора. Он је веровао да је песник изузетан човек, и да зато треба да има изузетне односе према свету, и да ни унутрашње ни спољашње не личи другим људима. Песнику припада право да, као пророк на Синају, говори с Богом насамо. Стога је песник моћнији од свију људи. То је Полифем који може да обори планину на свога противника. Једним потезом пера може неког да направи вечним. Или може да подвикне непријатељу: „Ја могу да те удавим у једној капи мастила!“ – „Ја сам Енеј, чувен до неба!“

Али нико није у Митровићевом ондашњем Београду веровао у овакву песничку утопију. Београд је имао цинцарску буржоазију и сељачку демагогију, две страшне и кобне негације сваког сна и величине, сваких господских манија и духовног снобизма. – А што је најгоре, Митровић је и сам наличио на оне које је он називао филистрима, пошто, одиста, нико није од њега био безазленији у својим пороцима, ни већма прописан у својим врлинама. Митровић је и свој смисао о књижевности примио од својих претходника, наших романтика, који су, као романтичари, увек живели у парадоксу. А своје навике у приватном животу је био добио од својих савременика, који су, сви редом, личили један на другог. Он је чак и стихове писао више из љубави за поезију, и из грађанске сујете за име, него из потребе за акцију и за афирмацију. Постао је био и боем, живећи при крају XIX века, и пио немилице, а не зато што је то било у његовој чедној природи и укусу, ни што му је грло горело, ни најзад што су такве биле навике у кругу његових пријатеља и свакидашњих другова, него постао је боемом зато што се до његовог времена уопште веровало да писац мора бити бард своје нације, и пијани грађанин своје републике. Цела једна генерација добрих људи и неоспорних књижевних талената живела је тада „боемски“, без библиотека, без страних језика, без далеких путовања, ван Београда, без посебних личних навика. Нигде није било писаца који су се међусобно толико тражили, и толико презирали остале писце који су друкче изгледали него они сами.

Међутим, ипак ти наши „боеми“ нису у свом роду представљали ни нарочиту своју цркву, ни своју школу, ни своју доктрину, чак ни једну своју посебну класу. То је био свега само један уски другарски круг, који је био затворен, и неоспорно сам себи довољан. Али то још није била „боема“. О некој нашој „боеми“ поводом Митровића говорити, било би погрешно, пошто ми уопште „боеме“ нисмо ни имали.

Боемски идеал Миржеа, де Лил-Адама и Верлена није ни могао постојати у београдским „Дарданелима" или у улици Скадарлији. Није у нашој земљи постојала потребна игра контраста за остварење једне „боеме": пре свега, контраста између салона и мансарде, значи контраста између оних људи који живе по салонима и оних по мансардама. Затим контраста између разних категорија љубавница са којима су живели поједини уметници: као разлика између великих дама са булевара Сен-Жермена до велике кокоте са чувених плажа, и затим мале мидинете са хладних мансарди, и гризета из бедних предграђа.

У великим градовима, у Паризу или Бечу на пример, између жене са првог спрата шестокатнице, и друге жене која гладује са неким артистом на последњем спрату те исте куће, постоји разлика као од неба до земље. Тако и између једног господина из Јелисејских поља, или финансијера са великих булевара, па до тог истог поменутог артисте, има понор који се ничим не да изравнати. Велики град није чудан по великим кућама, него је најчуднији по његовим људима.

А наши београдски „боеми" оне периоде, крајем прошлог и почетком овог XX века, били су кафански људи и ноћници, понекад разуздани, а покоји пут и манијаци, али никада „боеми"! Мислим на Војислава Ј. Илића, Радоја Домановића, Јанка Веселиновића, Милорада Митровића, Сремца, Брзака, и њихово друштво. И у ђачко наше време у Паризу је важио као боем Антун Матош, Хрват, мада он то није био, бар не у смислу класичном. У Паризу је у то време више него хиљадама Бугара и Руса са којим смо се некад сви ми онамо сретали у Латинском кварту, на Монпарнасу и на Монмартру, живело боемским животом, живећи на мансарди и облачећи се друкче него други. Матош је у основи био типични сноб, врло осетљив на хвале и покуде, интересујући се и даље за свет у Загребу, који је нападао и онда када тај свет није имао никакве везе са књижевношћу. Његова писма пријатељима и директорима листова, увек о себи, показивала су човека сујетног и афектираног, егоцентричног и у себе заљубљеног. Макар што то није шкодило лепим особинама одличног фељтонисте, та склоност је показивала снобизам који се у боемској средини сматрао чак одликом буржоазије и филистарства.

Срби нису имали своје боемско друштво.

Да у једном друштву постоји „боема“, као што је била група којој је припадао један де Лил-Адам, ваља да већ постоји истовремено и тип „дендија“, као што је био један Барбеј д'Оревили. За такозване „уклете песнике“, чудаке и манијаке, као посебну и својеродну групу и класу, знао је одиста само Париз. И то само Париз XIX века. По дефиницији, „уклети песник“ и боем, то је био човек најмање пуритан и буржоа, а највећи одметник од друштва и друштвених принципа; човек лишен обзира према другим људима, али човек пре свега лишен обзира и према самом себи, својој репутацији, својим парама, чак и према своме здрављу. Значи човек *отуђен*, са маргиналије организованог света, до краја бескомпромисан, без и најдаљих веза с великим друштвеним животом, живећи убого и умирући псећи. Наравно, пре свега „уклети песник“ морао је бити стварни песник.

Боем је давао другим право да га сажаљавају, али не и да му прилазе. Славе и среће су биле буржоаска и филистарска осећања; а жалостан свршетак живота, била је златна круна и првенствена заслуга за једног боема. Едгар По је умро пијан на улици; Жерар де Нервал се обесио; Верлен је због ружних порока био годинама у тамници, и најзад умро у болници... Зато многи великани нису сматрани достојним имена уклетих песника. Ни Достојевски, мада је био чувен коцкар; ни стари Перуђино, мрачни тврдица; ни Гвидо Рени, такођер картарош; ни Ламартин, иако увек јурен од поверилаца; ни Мисе, иако је падао мртав од апсента. Сви су ови духовни великани умрли као славни људи, али славна смрт, то је била смрт филистарска. Потпун тип уклетог песника је био, међутим, Оскар Вајлд, који је био богат а умро сиромах, и који је своју славу чувеног писца успео укаљати дотле да буде бачен у тамницу за најнижи разврат. Уклети песник је био и Бодлер, јер се опијао хашишом и живео са наказним женама. Једини песник „боем“, познат нашем свету, био би можда Августин Ујевић. Али, свакако не ни Матош ни наши песници из београдских „Дарданела“ и Скадарлије. Ови последњи су себе називали „боемима“ из неразумевања. Истина, они су мрзели „ћифте“, али су углавном за њих писали, с њима друговали и, као Јанко Веселиновић, певали им по каванама! Њихови животи су протекли у добрим ручковима и у громким здравицама; а када је наишла смрт, они су попадали један поред другог, са чашом у руци, као сватови.

Такођер је и тип „дендија“ остао код нас неостварен и немогућ, као и тип „боема“. Ко зна да ли ће тип дендија уопште икад одговарати нашем српском духу, који се радо показује шаљивчина, али никад потпуно добричина. У нашој озбиљности има пуно охолости.

У Француској, више него и у Енглеској, дали су тип дендија Шатобријан, Балзак, Мериме, Стендал, Барбеј д'Оревили. Може се рећи да је Бодлер био полубоем а полуденди. Стварно, и једни и други су били ствар француских романтичара и њихове хипертрофије идеје о писцу међу другим људима. Ни дендији, као ни боеми, нису смели наличити на остали свет. Нарочито у свом спољњем изгледу, а посебно у оделу. Стендал је измислио капут маслинове боје да забашури свој ружан трбух и кратке ноге; Барбеј је носио црвене рукавице; Балзак плаве чарапе; Бодлер зелено бојадисану косу.

Француз је увек своју генијалност прикривао својим хиљадама детињастих начина и навика. Немачки писци су још раније него и Французи почињали са манијама, али су и овде као и другде остали магловити мистици и егзалтирани утописти. Нарочито према цркви, земљи и моралу. Таквог и сам себе слика Фридрих Шлегел у једном делу. Такви су били и Тик и Вакенродер, Шлајермахер и Шелинг. Једни су били увек у мистичним фикцијама надреализма Јакоба Бемеа, а други у егоизму Фихтеа, логичара ове школе. Али стварно, Немцу је недостајала наивност и духовитост, нарочито особина детињастог, да оствари боемство и дендизам. Ово није могла урадити ни Француска, него само Париз.

III

Милорад Ј. Митровић, по оцу Требињац из Придвораца, био је целог живота богат човек, савестан државни судија, добар члан своје београдске породице, коју, уосталом, никад у животу није напуштао. Митровић је био интересантнији него многи од његових другова више по свом сну о књижевности него и по својој сопственој књижевности, нарочито по свом начину живота. Романтичар и сањалица, он је гледао у нас, друге савремене писце стихова, нешто новије људе по навикама, који смо се враћали из француских школа, као на одроде: кад год запева певац у Паризу, ови зевају у Београду! Као на одметнике тобожње од народне поезије, народне музике и народне кухиње. Значи, према томе, опасни за српско народно име и за народни језик... Са нестанком „боеме“, мислило је то друштво, настаће помрчање и књижевна погибија. Стеван Сремац, писац о Цинцарима, веровао је највише и најискреније у духовно издајство оних који се враћају долазећи у чедни Београд са западном културом, несловенском, латинском, и зато перверсном. Није се веровало ни да песнику треба каква нарочита култура, а камоли изузетна култура. Цела тадашња српска „боема“ веровала је да се песник рађа, *poeta nascitur*; и да се песнику треба само родити, а све друго долази доцније само собом. Кад се у нас мислило на песника, то се мислило на тип песника какав је изгледао на сликама пуно стилизовани Бранко Радичевић: са девојачким лицем и косом, са детињим речима у песми, туберкулозан, блед, и наивно раскалашан. А не као кад се у Италији рекло песник, а помишљало на Дантеа и Петрарку, два не само највећа песника него и два највећа ерудита, схоластика и латиниста, свог времена. Или као што се под песником у Немачкој замишљао Гете, велики драматичар и философ, и природњак минеролог, и физичар који је науци оставио своју теорију о бојама, данас толико слав-

52

ну колико је Линеова теорија у ботаници. – Романтичка идеја о бледом и меланхоличном лиричару, који живи на месецу, и који говори са звездама, ослобађала је наше људе од пера сваких духовних напора и више културе. И у другом свету је било људи који су читали а нису писали; а само је код нас увек било људи који пишу а ништа не читају.

Међутим, баш је лирска поезија најсложенија творевина људског ума, ствар једне више културе и више идеје о животу; лирика је највиши степен метафизике, и последњи резултат способности људског израза... Нигде се као у лирској песми не прокаже одсуство виших човечјих душевних и духовних сагледања. Лирска песма је једини род уметности где осредње значи што и рђаво; и где ништа није добро што није и савршено. Лирска је уметност рађена само за најдубље и најотменије духове; она је мерило за писца који је ствара, али исто тако и за друштво које је чита. Нема књижевног ни уметничког дела за које треба читаоцу толико претходне књижевне културе или природне префињености колико за читање добре лирике. Лирске песме по правилу не читају прости људи ни глупе жене; песнике и песме су увек волели само најелитнији краљеви, најдубљи научници, најотменији политичари. Однос човека према поезији, то је најсигурнија мера за његову духовност колико и за његову душевност. Још је Лутер говорио да Вергилијеве *Буколике* не може разумети човек који није био пет година чобанин, ни његове *Георгике* ако није пре тога двадесет година био земљорадник, као ни Цицеронова писма ако пре тога није двадесет година владао државом! – Велику лирику имају само велики народи, док науку и стратегију могу имати и народи нижег типа. Лирски песник је философ који иде до крајње границе трансцендентног и општег. Зато кад философија достигне до свог врхунца, она постаје поезијом-лириком.

Песник није ни шумски човек ни кафански разбибрига, него кабинетски радник и учени занатлија на тешком послу риме и ритма. А Митровић је веровао да је песник друг славуја који пева на грани, док овај песник језик славујев бележи у трави!

Нарочито је европска култура сматрана у Митровићево доба опасношћу да лако сваког одроди, осакати, заслепи и упропасти, нарочито Словене. Европа – мислили су онда наши преци – то је једна провалија у коју се преко Савског моста прелази код Земуна, и која иде затим од Земуна даље до краја света, све дубља и мрачнија... Одиста, ако нико од ових писаца није ишао да види Запад, то је пре свега зато што то нису они сами желели, нити икад на то помишљали! А најмање су слутили да ће баш њихови непосредни следбеници, који су се враћали из Француске, подићи српски језик до његових највиших песничких могућности, и на начин како се то за толико мало времена није можда видело никад пре ни у једној светској књижевности. Међу ове следбенике ја рачунам неколико српских писаца у стиху и у прози, о којима је доста говорено, али о којима још није речена ниједна реч довољно достојанствена. И који су и средином овог XX века остали несхватљиви нашој већини, врло мало заинтересованој за суптилности њихове књижевне принове, за техничко савршенство, идејну ширину, и расну српску и словенску осећајност њихове поезије, која је од странаца само учила да буде на висини савременог израза и дотле непознате фактуре стиха.

IV

Као писац, Митровић је највернији ученик Војислава Ј. Илића, који је остао идеал његовог целог живота, као што је био и за многе од нас идеал прве младости. Разлика је само у том што су многи од нас, чим су дорасли до коња и до бојног копља, свога великог учитеља напустили – истина, врло благодарно – и кренули другим и својим путима. Митровић је једини остао до краја свог живота у границама Војислављеве естетике, управо Војислављевог манира.

Имао је право, Војислав је несумњиво био и остао велика фигура српске књижевности. Он је био донекле и један књижевни реформатор, што је ретко, и чак најређе, у пословима књижевног стварања. Војислав је песник којем дугујемо извесну обнову нашег књижевног укуса, проширење уметничких видика, улепшање песничког говора, нову версификацију, нови род осећајности. Чак је Војислав први дао и виши смисао српској лирској поезији: ослободио је од декламације која је била онда пуно у укусу наше публике. – Истина, са Војиславом се није могло ићи далеко, јер је његов пут, као и његов дах, био кратак. Али је Војислав био једна сјајна транзиција између романтичне генерације пре њега и ове која је затим наступила у наше време. Тек након Војислава дошли су песници који су покушали да дадну лирици обележје свог времена у европском смислу: да се од чисто спољних факата приближе догађајима душе, и да од емоција направе духовне концепције, дајући речима њихову спиритуалну лепоту, а својим визијама једну јаснију и хуманију удубину.

Али Митровић, који је већ присуствовао рађању те нове поезије, остао је, како рекосмо, до краја веран својој школи. И док су нови људи пролазили поред њега са мандаринским лепезама, он је и даље ишао са тешким штитом крстоносца, и меланхолијом старог трубадура. – Нажалост, он није успео да ишта развије или допуни у делу Војислава Ј. Илића, великог сликара и музичара српског језика, а по сензибилитету чуднијег и страначкијег од свију људи у ондашњој његовој средини књижевној колико и друштвеној. Митровић је само одзвиждао оно што је Војислав био одсвирао.

У ствари, Митровић је био најпре почео као Змајев ученик, што се добро види у његовој збирци *Мисли и снови*, и што је он прилично остао такођер кроз цео свој кратки век. Јер новаторска и доста егзотична поезија Војислава Ј. Илића није ништа изменила у погледу симпатија које је наш свет постојано имао за популарног Змаја, као јединог овенчаног националног песника. Војислав је сваком изгледао прави мађионичар речи, али је за наш народ Змај био право божанство. Ни Лаза Костић није никад могао помрачити Змајеву ореолу, макар колико да се за то трудио: ни својим животом цетињског дворског песника, ни својим фамозним каламбурима, ни својим доста искреним западњаштвом, чак ни својим неоспорним талентом. Ни критичар Љубомир Недић, поред такођер очевидних намера, није могао у народним очима бацити Змаја у залеђе једног измишљеног песника Јована Илића или тако исто насилно наметнутог Милорада Шапчанина. И то спуштајући Змаја само на славу доброг дечјег песника, – макар што је дечја поезија Змајева била само једна слава више за овог песника. Змај је остао и даље као наш дотле највећи лирски песник свога времена, и, уопште, дотле највећи песник осим Његоша. На сваком српском збору, његове стихове су носили људи од детињства до старости на устима као молитву, као кап причести; његово име је било понос, символ, крст у небу. Уосталом, Змајева *Певанија* и данас изгледа дело које ће за дуге генерације остати наш највећи патриотски уџбеник, друга библија српске младежи.

Јер песничко име се тешко задобија, али исто тако тешко и губи; пошто је лако бити познат, али је тешко бити признат. Оно што савременици називају славом, потомство доцније назива светињом. Ово се односи и на Змаја. Никад се и нигде један мали песник није могао наметнути за великог националног песника, чак ни онда кад се као такав могао наметнути једној академији. Змај је у свом народу био угледнији не само него ма који други песник, него и ма који српски владар тога времена. Ако Змај није био типични *велики* песник, он је био народни песник, бард и рапсод, што је једна велика мисија у животу, а једна велика категорија у историји. Све су српске душе биле пуне Змаја већ од нашег детињства, откад смо читали његове песме дечје, пак до његових политичких сатира и бунтовних стихова. А ово значи: увек је један исти песник испуњавао живот својих савременика, и то од почетка до краја једног људског века, што је одиста најређи случај у књижевној историји. Обично, један песник је, напротив, песник наших двадесетих година, други тридесетих, трећи четрдесетих, и тако даље.

Змај је очаравао наш српски свет својом срдачношћу, али и својом срчаношћу; својим финим хумором, али и својом јетком сатиром; својим језиком који није био пребогат, али који је био увек језик душевни; и својом формом, која није била на висини европских мајстора, али која је била сва у пречишћености народног изражавања. Зато није чудо што је Митровић, као и сам Шантић, гледао ипак у Змају централну личност наше поезије; и ишао за њим колико и за самим Војиславом, двојицом учитеља који су били ненадмашни за песника који је био рођен да остане вечитим учеником. – Истина, теже је било имитирати духовитог Змаја него сликовитог Војислава. Јер се теже имитира духовна него техничка врлина неког мајстора. Не имитира се никад идеја ни израз, него манир.

V

И Митровић је, као Змај и Војислав, имао наклоност за песничку сатиру. Зато није хтео да умре док не остави неколико епиграма против извесних књижевника који су стајали изван „боеме", који нису седали за њихов сто, ни ишли с њима под истим кишобраном. Неке сам епиграме и сам од њега чуо наизуст, који су се, на жалост, можда затим загубили, а неки су, истина у малом броју, сачувани. Није Митровић довољно живео да напише стотину или хиљаду таквих епиграма, што је несумњиво штета за српску књижевност; јер је Митровић имао и фине ироније и урођене духовитости, макар и само повремено, и доста кратко. Али загрижљив, као и Војислав, ипак је Митровић, иако и добродушни и наивни фантаст, веровао да је због неколико својих епиграма другом свету изгледао човеком са чијих се прстију цедила крв непријатељска. Он је веровао да је за славу песника довољно да напише само један добар епиграм; а тако исто да је довољно да се унесрећи један политички тиранин или друштвени непријатељ, ако му се закаче за живот два сатирична стиха каквог чувеног песника.

Толико је ето била истински дирљива Митровићева идеја о мисији песниковој међу другим људима. Никад нећемо ми његови савременици заборавити овог чудног песника којег смо сретали некад београдским улицама, вечито намрштеног, с уздигнутом јаком од капута, са широким шеширом натученим до обрва, испод којих су безазлено гледала два његова велика и тужна ока.

Можда би овај песник одиста био најбоље урадио да је продужио своје политичке басне у стиховима, којих је био написао мали број, али које су биле постале популарне у доба ондашњих тешких политичких криза. Алузије у тим баснама на последње Обреновиће, сматране су за духовите и племените.

Уосталом, песничке басне су један род књижевни који се одувек радо читао. Езопове басне су обожавали и философи Перикловог века; а кажу да је и Сократ те басне знао напамет. Хиполит Тен је Лафонтенове басне називао *Илијадом* француског народа. — Нажалост само што се наш Милорад Митровић задржао једва на тих неколико таквих својих строфа; његов гнев на тиране био је брзо исцрпљен. Никад ни иначе србијански писци, иако врели и искрени патриоти, нису били жестоки револуционари; нити су за своје написе или говоре били по тамницама, чак ни за време Милана, када су носили старо турско гвожђе српски народни посланици и народни свештеници. Песници су водили крупну и бунтовну реч у питању ослобођења српске браће и испод туђег ига у Босни, Маћедонији и Војводини, као Каћански и Абердар; али су били скоро пасивни у личној агресивности према домаћој тиранији. Није било у њих ни беса Виктора Игоа, ни жеђи за мучеништвом какву су имали руски списатељи. Змај је био редак, и једини, наш бунтовни песник. Бунио се против Мађара и написао једну бесмртну оду против Цинцара. Доцније ће у Босни бити Петар Кочић прави бунтовни песник, и то један од класичних типова бунтовника књижевног, на начин скоро руских револуционара.

Као Змајев ученик, Митровић се био обележио неколиким песмама чији су стихови имали поклич грађанина са барикаде. То је било донекле у укусу публике оног времена превирања и демократског идеала. У нас се сваких десет година говорило о немару наших песника према социјалној неправди већма него према политичкој тиранији, која је била иначе и од ове страшнија. – Песници се нису много упутили тим путем, што за саму књижевност није била баш ни велика штета. Најдубље, и зато најчовечанскије, то је увек баш оно што је човекова индивидуална драма а не несрећна историја социјална. Човекова драма на овом свету није садржана само у борби између гладних и ситих. Само тешке моралне и религиозне кризе, нереди срца и обести маште, неспокојство човека истргнутог из гомиле, стављеног изван свог времена и свог друштва, – оно што значи усамљеност човекову на земљи и међу људима, то је права драма људске судбине. Бол вечног човека, а не бол човека једног извесног времена, то су баш мотиви највишег књижевног стварања и најдубљи песнички извори инспирације. О таквим вечним стварима говоре и *Божанствена комедија*, и *Фауст*, и најбоље Шекспирове драме. Друштво је ситна и плитка ствар, а изолирани човек је једини недокучно дубоки и компликовани извор поезије. Чак се ни један Зола није могао у својим романима задржати само на чисто социјалном фактору, него је и он пошао да у научним и вечним законима крвног наслеђа нађе и објашњења за поједине удесе породице Ругон Макара. Не помињем старог Софокла, који је тим истим путем тражио узроке судбине породице Едипове. Можда су баш највећи песници најмање живели у свом сопственом времену, у садашњици која је свакако најужи појам између доба прошлог и будућег.

Зато је Муза нашег благог песника Митровића, поред бисера какве средњовековне Елеоноре, имала на глави истовремено и револуционарску фригијску црвену капу и кротки паланчански тепелук ондашње наше српске матроне. – Али Митровић није био од Змајеве убојите расе. Змај је био мегданџија по крви, а Митровић само сањалица и љубитељ сликова. О овом песнику зато и пишемо само као о једном школском примеру, историјском обрасцу једне врсте врло раширеног начина писања и певања, који остаје увек поред праве књижевности, и кад не престаје бити занимљив за историју стварања стихова. О оваквом се песнику увек говори само узгред, да се и не читајући његове стихове објасни неко штиво и некакав начин у лирици. Митровић зато није личност него само књига. Ово је, нарочито у нас, један пример чешћи од свију других. Његов мали циклус, малочас поменут, *Мисли и снови*, то нису одиста ни мисли ни снови, него детињаста привиђења, понављање слика свакаквих и свачијих. Овакве су мисли и снови у једној књижевности вечни мотиви, налик на оне готове насликане квадрате од којих деца састављају зидове палата и тврђава и подижу бедеме и шуме од хартије. Нико одиста не може себе сматрати сопствеником таквих вечних и толико злоупотребљаваних мотива, нити, као њихов једини прави господар, ударити другог по прстима, јер они постоје, и сељакају се из књижевности у књижевност, откад постоје сунце и месец.

Уосталом, један велики део светске поезије је тако саграђен. Митровић је интересантан и као пример песника који је баш од таквих општих места саградио цело своје једно песничко дело.

Ту је песма о гробу непознатог крај пута; и песма о старом добу на којем тиче пева нови живот; и о развалинама које су некад биле дворови мрачних витезова и плавих кастеланки; и песма о цветићу у којем светли једна небеска суза коју нико не види; и песма о облаку који тумара у просторима не знајући где ће пасти; и песма о напуштеном идолу који очајно чека да му се врате поклоници; и песма о двама листићима које је ветар отргао, од којих је један растао на сунцу а други у сенци, али који ће зато ипак пасти најзад у заједнички гроб; и, најзад, песма о том да човек умире а сунце и даље настави да греје равнодушно...

Овакве су ето, и скоро до краја, мисли и снови овог песника. И заиста, то су све истине, чак дубоке и вечне истине. Несрећа је само у томе што су то одвећ истине, и које свако добро зна, и добро види, а које нико и не пориче. То су мисли које је већ свако мислио, и снови које је свако просневао; снови већ описивани и опевани откад постоји прва написана људска реч. Значи да је то већ капа која иде на сваку главу, и чизма која иде на сваку ногу. – Истина, ови вечни мотиви ће постојати и даље по свима књижевностима. Можда ће чак и сами велики песници од њих понекад, добром опремом и лепом израдом, правити крупне случајеве. Али један велики песник има увек велика средства, и из његових руку све излази као новорођено и никад невиђено. Ово је и тајна његове величине. Стварно, можда и нема великих предмета, него само великих духова; ни нових мотива, него нових талената. Као што је свет постао из ништа, тако, одиста, и све друго постаје из ничега. Има можда укупно свега неколико предмета о којима људи мудрују и певају откад постоји свет.

У Митровићевој песничкој обради оваквих мисли и снова нема, неоспорно, никаквих бравура, ни филозофских, ни песничких, ни сликарских. Савршено одсуство интимне емоције. Језик је толико упрошћен као да је овај песник знао свега стотину српских речи. О души није канда знао ништа. Од хиљаду прозора са којих се гледа на овај свет, овај песник је гледао само на једно мало и мутно окно. Он је стога важан као књижевна личност, а не као књижевни таленат. По њему се види како се може правити књижевност и без великог књижевног дара, и без нарочитог осећања за језик, и без личног смисла за песнички израз: једино са мало литерарне окретности, и с пуно општих места. Па ипак Митровићу је успело да чак од тога направи дело које није без своје стварне вредности, и које ће се и дуго читати, и које се даје и волети. Ово је песник чист, безазлен, непретенциозан, природан. Његова простота осваја, и његова чедност побеђује, и његова скромност обезоружава.

Митровићеве баладе у његовој књизи *Књига о љубави* испеване су сасвим у форми и духу немачке романтике. Балада о Дон Рамиру је као из Хајнеовог романцера; а тако и балада „Папучица“. Балада „Два витеза“, то је Уланд, или Ленау, који версифицирају на неком источњачком жаргону, а „Песма о срцу“ тако исто. Песма „Била једном ружа једна“, то нису дубоки стихови за читање него лаке речи за музику. Песма „Најтежи грех“, то је бугарски песник Вазов у рединготи старог Биргера. Баладе „Ванда“ и „Фантазија“, то би био Пушкин, с много воде у вину. Балада „Пустињак“, то је Љермонтов који сам себе пародира.

Одиста, наш романтизам је нешто сасвим друго него што је он био игде другде на страни. Свугде је, као што је познато, романтизам био, пре свега, реакција на класицизам, који је био све одвећ упростио и одвећ осушио. Али већ зато што се јавио као реакција, романтички покрет је следствено био револуционаран: створио је своју теорију о свету, и у средину свемира усадио човеково Ја, које је, дакле, са романтизмом постало принципом вишим и изворнијим од свега. Затим, романтизам је био љубав за прошлост витешку и католичку; и, најзад, отишао у нежност за популарне народне изразе и за свакидањи и простачки језик. Као драмска уметност романтизам XIX века долази, као што се зна, од шпанских драматичара из XVI века, Калдерона и Веге, и од Шекспира и Корнеја. Али као лирски покрет, романтизам је једно ново и дотле непознато књижевно осећање, и то немачког порекла, које је прешло кроз Француску, и отишло оданде у Енглеску и у Шпанију. Међутим, у нас се романтизам, толико препун у српском косовском епосу, јавио у српској лирици као да је пао у киши, без везе са другим светом, и нимало напоредо, и скоро пола века доцније него игде другде. – Неоспорно, романтизам је једно осећање које можда неће никад престати да бива извором поетске инспирације, јер ће бити увек покретач људске акције. Романтизам није само једно доба моде, него једно урођено осећање човеково, чак и врло плодно. Романтизам у рату, то су били крсташки ратови; романтизам у философији, то су били мистици; романтизам у литератури, то су Шекспир и Шилер; романтизам у политици, Бонапарт.

Романтизам, то је, стварно, и као што је напред речено, хипертрофија личности. Има увек једно доба људско, а то је младост, кад смо сви романтичари; а има и један добар део људства који су романтичари целог живота, и то не по каквој књижевној моди, него баш по својој људској и личној природи. Било је романтичара чак и у античко доба.

VI

Митровић је писао своје баладе кад је романтизам у европској литератури био, пред младим парнасизмом, већ потиснут више од пола века, Едмон Ростан га је био понова оживео у поезији, а Дебиси и Штраус у музици. Али је на томе и остало, бар за дуже времена. Истина, Митровићев је романтизам био одвећ разводњен и сладуњав. Он, нажалост, није читао витешке романе из доба када је витештво рођено. Те романе су читали и свети Франческо из Асизе и света Тереза из Авиле, али их није читао српски романтичар из Београда, и зато је тај његов романтизам исисан из прста. Најзад, што је важно, романтизам је у ствари једно католичко осећање. Најбољи је за ово доказ што су сви католички писци постали огорченим противницима француских парнасоваца, када су ови били устали насупрот романтичарске школе и естетике.

Уопште, сцене у баладама овог српског романтичара су рађене према фикцијама и детињем маштању. Овом љубитељу живота старих барона и риђокосих кастеланки остао је средњи век заувек нешто магловито и далеко од сваког упоришта. – Позната је ствар да европски артисти имитирају понекад кинеске цртеже, али и да кинески артисти имитирају понекад европске уметничке ствари. Гледао сам у неком музеју примере како је на кинеском порцулану уметник са Жуте реке илустровао по својој машти Лафонтенове приче; а ништа нисам видео забавније него дворски живот Луја XIV и француску галантерију из Версаља насликану на тим вазама... Има нечег тако наивног и у романтичним песмама овог српског песника. Све је то пастиш. Средњи век се не даје научити из књига, као што је још можда и могуће научити из књига античко грчко и римско доба, него се он може схватити само у постојаном додиру са творевинама тог најинтересантнијег доба људске мисли: са старим градовима, књигама, архитектуром, сликарством, ношњом. За једну младу жену је средњи век: попови, просјаци, разбојници, месечина на самотном дворцу на брегу, витезови који се ломе по светим земљама, или умиру за завет жени коју воле... Али за људе од мисли, средњи је век прашума од случајева какве човек није никад пре ни после проживљавао, и читав свет контраста какве ми данас не можемо ни уобразити. Само је Данте успео да остави морални и духовни докуменат свог средњег века. То је и једини прави песник средњег века. Али да се и Данте схвати, треба велика интуиција, и познавање ондашњег човека; и треба научна документација која превазилази све обичне човекове духовне напоре. Зато песници средњег века, средњовековне вере и идеје о животу, средњовековних страсти, љубави и мржња, љубомора и пожуда, нису били ни песници романтичке периоде друкче него само кроз имагинацију. Стари век нама је ближи него средњи век, јер је средњи век доба везано за једну веома строгу веру и један компликован социјални систем, који су били искључиви продукт латинства државног и верског. Хеленизам је био ближи човеку зато што је он био пре свега идеал и сан, метафизика и вечна идеологија, без нарочите везе са државом, а везан за веру, која је пре свега била бајка, творевина њених песника. Значи све у што се и данашњи људи могу лако унети и потпуно разумети. Са католичким и латинским средњим веком, Срби су извесно имали најмање додира и најмање афинитета. Одвајало их је византијско православље, које са таквим духом једног доба није имало никакве блиске везе.

*

Митровићеве баладе су ипак до сада најбоље баладе српске књижевности. Оне су израђене у жанру, чак и у шаблону, али су баладе; и то баладе које имају своје сижее и своје класичне форме. Немају нарочитог колорита, ни нарочитих обрта, ни боју земље и времена које описују, али имају живота, и имају увек добру фабулу која правилно почиње и правилно свршава. Митровић је имао способности да једну песму конструише као ниједан од епигона тог времена. – Уопште, рђава композиција је једна велика несрећа наше књижевности; ни најбољи наши приповедачи и песници нису знали да добро компонују. Цела наша књижевност пати од неосећања мере, од претераног празнословља, од млитавости у покрету, и од нелогичног у развијању догађаја. Најбоље наше ствари показују несигурност писца да не каже него само онолико колико треба, да дадне дело сажето, и да дело заврши увек са неопходном поентом. Ретко је који наш писац успео да влада својим талентом слободно у свима моментима, и да каже само онолико колико треба. Неосећање мере, као и у целом нашем животу, права је коб и нашег писања. – Ако су ипак поједине ствари понекад и успеле, то изгледа случајно, а не смишљено и проучено, тако да и први књижевни написи једног писца скоро увек стоје на висини на којој стоје и последњи. Ово би био доказ да писац није сам себе изграђивао са највећом пажњом и самокритиком, какву су, истина, имали само најбољи и међу светским писцима. Та нешколованост и недоученост у књижевном занату, стале су главе најбоље таленте међу нашим песницима и приповедачима. Зато до сада имамо остварену само писменост, а не књижевност! Имаћемо књижевност само онда када наши писци, поред талента, имадну и озбиљне особине доученог великог и тешког заната као што је књижевнички. Значи, пре свега, када буду добро знали компоновати. Јер нема осећања књижевног без осећања форме; нити се може размишљати без смисла за пропорције. А то зато што је баш смисао за пропорције први и основни закон мисли.

Митровићеве су баладе добро заокругљене и рељефне, без паразитних фраза, што чини прво добро својство ове књиге. Чак је Митровић више умешан него уметник; његова је строфа чиста и развијање логично. Његов језик није песнички говор, јер је без узлета и без персоналности; а његова је метафора увек бледа и безлична. Али Митровић има природности и чедне простоте. Он није дао једну своју личну поезију, свој сопствени душевни роман, али је дао бар један род литерарни, романтичну баладу, која је често била на висини класичне немачке баладе Биргера и Ленаа и Хајнеа. А то није ни тако мало.

Поред свега овог, Милорад Ј. Митровић је имао душу нежног, и ко зна колико суптилног песника. То се види – ма колико изгледало чудно – само по једној јединој његовој песми. Ову песму нико није истицао кад је говорио о том песнику; а ни сам јој песник, изгледа, није давао никакву нарочиту цену. Ова је песма скоро сасвим туђинка у његовој књизи. То је „Ненаписана песма“, свега четири строфе, лепо израђене, заокругљене, скоро исковане. Из ове песме, више него и из целе књиге, види се песникова способност за танчину, за виши узлет, за финију речитост, чак за дубље унутрашње доживљаје. Да је добри наш Митровић стигао да напише свега двадесет песама овог рода, његово име не би задуго избледело, и његов сан о срећи песника на свету био би остварен.

НЕНАПИСАНА ПЕСМА

Она је никла о поноћи немој,
У часу мира и тишине свете;
И ја је певах раздраган и срећан,
Ко птица горска или мало дете.

Њу нико није слушао ни чуо,
Њу ми је душа сама себи плела;
Кликташе срце из рањених груди,
И мрачне боре нестајаху с чела.

Да, ја се бејах измирио с тугом,
Са патњом мојом и са јадом иним,
И песма моја звездама се вила,
И губила се у зрацима њиним.

И ја јој хтедох да похватам звуке,
Но заста рука што их безброј списа;
То беше песма љубави бескрајне,
Незнана земљи, сан небеског виса.

Уверен сам, уосталом, да је и код највећих песника њихова најлепша песма остала ненаписана; јер је тешко доћи до речи и до израза баш у најдубљим стварима људског духа. Ово се догађа по некој фаталности. Ниједан песник није веровао да је написао оно што је хтео; а прави песник чак мисли да је написао нешто баш противно од онога што је сам хтео да напише. Отуда мучење највећих и најискренијих писаца, њихова стална тражења да једну исту мисао сваки пут кажу друкче. Отуд и њихово стално преправљање својих сопствених текстова. Неколико великих врхова светске литературе живели су у тој борби и незадовољству својом речју, и својим већ написаним текстом. Данте је хтео да своју *Божанствену комедију* запали. Безусловно, најчиткија, и по изгледу најспонтанија, јесте баш она песма на којој се један писац највише намучио, и којој се најчешће враћао да је исправља.

Борба између духа и форме, значи борба између мисли и речи, то је очајна борба уметникова до краја његовог живота. Свака песма је поникла из једне гомиле емоција, слика, речи и сликова, међу собом помешаних, и често противуречних. А запитајте ма којег истинског песника да ли је уопште и приближно успео да напише оно што је највећма желео. Многи су чак написали сасвим друго и сасвим друкче него што су желели. Реч заводи мисао као матица што заводи предмет на брзој реци. Ритам наметне сасвим друкчи ток нашој мисли него онај којим је она спочетка била пошла; и слик извитопери метафору. Најбољи доказ за ову борбу песника с песмом, то су мученички напори, и то баш највећих твораца, који трају све док изгладе и коначно усавршe једну своју песму. Хајне је тако мученички писао своје стихове, а Толстој своју прозу. Само најгори песници не знају за ову патњу најбољих међу писцима. Тврдим и да ниједан добар песник није знао на почетку како ће заправо његово дело изгледати на самом крају, па било да је посреди роман или песма. Чак и кад се једна песма излије као чаша вина, ни онда песник не зна тврдо како се то чудо догодило. Најчешћи је случај да у коначној редакцији једне песме последња строфа дође место прве, или прва место последње.

Ненаписана песма сваког песника, то је баш она основна, битна, свеобимна, свершавајућа.

Међутим, убог је човеков језик да каже све неизрециве ствари човековог срца и духа. А што је год један песник већи, утолико је тежа његова борба духа са материјом, значи борба његове мисли с његовом речју. Овом сиромаштву људског испољавања избегну једино они песници нарочите и велике снаге који песмом успеју да сугеришу више него што кажу. Највећма овде постигну песници природно обдарени за метафору и символ, јер ова средства увек одговарају потпуније зачетој примитивној песниковој мисли него што одговарају саме речи. Нема на свету речника који би песнику дао праву реч што му у извесном тренутку треба; јер ако једна реч одговара лексикографски једном појму, не одговара му песнички; ни својом бојом ни својом музиком. Реч је живо створење, које има своју персоналност и свој обим, своју пластику и своју тежину. Реч често само нешто каже, констатује и прецизира, али ништа даље не евоцира. Реч има свој врло узак свод резонанце; и зато се велики изражаји казују оним што једно дело сугерише, а не оним што оно каже. Међутим, ниједан песник не зна колико је својим делом сугерисао и евоцирао, макар и знао све шта је рекао. Зато је трагање свих песника за ненаписаном песмом нешто трансцендентно, што и њега самог надвишује и натпева. Многи песници и сликари правили су од тог начина сугестије и евокације, насупрот директној речи, читав један манир; али су други правили од тог и свој једини начин изражавања. Символисти XIX века су били такви песници који су увек тим недореченим изражајима и срачунатим наговештајима правили највеће ефекте, а понекад и најбоље ствари. Било је ту и злоупотреба над чистим разумом, и над обичним формама људског разумевања. Често се ишло чак и у дивагације и бесмисао. Међутим, недавно је један француски књижевни философ, Анри Бремон, правио баш од ове песничке нејасноће и оваквих нерасудних поетских наговештаја, омиљених у символизму, врхунац лирске лепоте.

АЛЕКСА ШАНТИЋ

Ниједан писац није толико личио на своје књижевно дело колико Алекса Шантић. Овај песник је био највеће дете у нашој књижевности. По карактеру више северни Словен, добродушни и доброћудни, него јужни Словен из Средоземља, компликовани и критични. Зато, и поред све његове урођене бистрине духа, и његових дубоких личних искустава, Шантић није веровао у зло међу људима. Није био илузионист толико по духу колико само по укусу: имао је потребу да све преиначи на лепо, и све преправи на симпатично. – Оваквог света има пуно у српском народу; а ово је можда чак и једна битна црта у нашем човеку, макар што се вечито злопатио кроз свој историјски живот. Шантић је спадао међу оне своје земљаке са толиком урођеном добротом и отменим оптимизмом што никад немају очи на другом, него на оном што је налик на њихов сам идеал. Ово је нарочито чудно у једном народу који још носи свој северњачки праотачки нагон за песимизам и меланхолију, који се налазе на дну све његове поезије, народне музике, племенске психологије.

Шантићеве песме су пуне нежности и када прете тирану, а пуне наивности и кад изгледа да се даве у љубавним отровима. Он је сва своја осведочења црпио из таквог свог чистог и детињег срца. Није веровао ни да је Вук издао на Косову, ни да је Вукашин убио Уроша. Сматрао је за вероватније и да се сунце окреће око земље неголи земља око сунца. У младости богат и аполонски леп, није разумевао ни мржњу простака ни завист фукаре. Није делио људе на добре и рђаве, него само на пријатне и досадне, али је сматрао за људску трагедију што је на свету било више досадних него и злих. Шантић је у приватном животу био фанатичан пријатељ и племенит непријатељ. То је била тако радосна и витешка појава да је собом доносио сунце где год је дошао. Његов стас је био најлепше стабло у људској шуми. У својој малој средини, он беше и њен Алкибијад и њен Бајрон. Осетљивог духа и пун укуса за форму и начине, он ничим није показивао недостатак школе ни одсуство начитаности. Миклошич, у својим старим српским листинама, помиње неког босанског велможу Ивана Шантића. И наш песник Шантић у свом Мостару изгледаше некакав велможа који је онде где је живео истовремено и владао. Јер се нико није могао потпуно одупрети чару његове личности.

Али је Шантић у целом свом ставу према животу имао страх од свега што га је премашало, а у свом односу према књижевности ужас од свега што му је противуречило. Страховао је од великих градова, великих људи и великих речи. Зато остаде до краја везан за своју малу и тескобну средину. Као птица која има боју тла на коме је рођена, тако и овај нежни песник се не разазнаје на тлу на коме је постао. – Али зато, место да буде херој живота, он постаде жртвом живота. Остао је целог века усамљеним у једној средини где се таленат није могао развити, ни његови лични догађаји умножити, обогатити, драматисати.

Ово је за Шантића књижевника био пораз. На овај су начин све велике тајне живота остале до краја непознате овом благородном писцу. За све утакмице људских преимућства, он остаде по страни; и оста најзад заточеником једног града и предела где никад ниједна култура светска није била дотле оставила трага.

I

У његовом малом Мостару сви су људи његовог времена имали исте ситне среће и ситне несреће; и веровали само у свете ствари; и одлазили са овог света без своје хронике, чак и без свог спомена. Међутим, Мостар је са његовом Неретвом узбудљивији него Толедо са његовим Тахом; и у Мостару су пролећа радоснија неголи у Соренту. Али у том граду сви људи наличе један на другог; а од свега људског у оној земљи, сиротиња је у њему увек била најуочљивија. Мали човек је вековима ишао оним вратоломним путевима погрбљен својом бригом, као срамотом. Таквом бедом је Мостар био и увек одвојен од Европе, као провалијом. Странац који је раније залутао овамо, ишао је да види чудо како један народ усред Европе живи у голим литицама које представљају некадашњи највећи геолошки катаклизам. И то велики српски народ, у којем ипак постоји и љубав за свет, и патриотизам за огњиште и чак једна поезија народна која задивљује и омађијава.

Мостар је иначе један од најчуднијих градова које познајем. Као да Неретва дели онде два света, пошто њене две обале представљају два врло груба контраста. На једној страни владика и муфтија, а на другој бискуп; на једној се говори ијекавски, а на другој икавски, на једној занимљиви хумор и добродушна шала, а на другој мрзовоља и шовинизам који су посејали прибеглице и странци. На једној се страни слободује од памтивека, а на другој се најсношљивије робује од Херцега Стјепана до аустријске окупације. На једној се Богу моле за ослобођење, а на другој за кишу; на једној за прах и олово, а на другој за восак и тамјан. Тако је бар било до Шантићевог и мог времена.

Мостар су некада знали само археолози због једног кривог моста на Неретви, који је назван римским, иако погрешно. Остали херцеговачки градови су забележени на мапама сви под својим именима, али нетачним. О сјајним српским херцеговачким устанцима, дизаним за хришћанство, странци су говорили као о разбојништвима. За гусле, на којима су испеване најлепше европске рапсодије, сматрало се да су оне варварски музички објекат који представља почетак човековог смисла о гласу и звуку.

Ни доласком Аустрије није Мостар губио пуно од своје исконске дремежи и своје предачке туге. Никад у њему ни бучних дана, ни разузданих ноћи, ни уличних инцидената. Пуно заосталог турског у наравима, и пуно анадолског на зградама. Свет је у подневи спавао у својим дућанима, животиње пландовале пред капијама, и лежале по средини улице. У први мрак, свет се разилазио по кућама, и тврдо се резом затварале капије. Мостар је изгледао налик на какав град куда пролазе каравани са Истока, где се ноћивало а не обдањивало. Странци су налазили у овом граду некакав Исток и источњачку идилу, и стога је Мостар изгледао чаробан више спољне него унутрашње. Међутим, нико од странаца није распознавао живац тога народа ненадмашног у снази и дубоког у душевности, који је сносио једну вековну поносну сиротињу, као и грабеж нових непријатеља, са достојанством и стрпљењем. Наш онамошњи свет је живео једино од свог поштења и свог јунаштва, две величине и две лепоте, али и два очајања, ако више ништа није остајало за људску срећу.

Таква је углавном била мостарска средина Шантићевог времена: живописна, али једнолика, простосрдачна и топла, али кобна.

У самоћи може да живи и да се развија један дух који је већ пуно доживео и видео, и да нађе смирења и мудрости после некакве хуке и вреве доживљене по великим градовима; али су иначе мали градови убиствени, ако се човек реши да у њима и почне и сврши с уверењем да нема ништа шире ни боље. Таленат лирског песника какав је био Шантићев, требало је да буде у сталном развијању и непрестаном усијању, да знадне за широк видик и дубоку позадину. Али Шантић није за тим ишао. Он се могао бунити против непријатеља сто пута јачег, али не против себе и против својих навика. Паланка је била потпуно извршила поробљење овог писца. Први у свом граду, Шантић није могао подносити да буде хиљадити у једној другој средини; а слављен и размажен међу својима, није могао ни замислити да се може остати безначајним или равнодушним међу странцима. Ово је једно познато осећање не људи сујетних него, напротив, људи присних, душевних, патријархалних изнад свега.

Затим пут у свет, у туђу кућу и туђу културу! То би било најпре вероломство према Мостару и издајство према Херцеговини! И то у дане када се Мостар већ рађао, истина врло споро и можда неосетно, али се ипак рађао. Мостар је излазио ни из чега, али се ипак уткивао у месо, уносио у крв, и мађијски опчињавао једну своју генерацију. Нико се из ње није радо решавао за туђи свет и за велике градове. За Шантића нарочито Мостар беше нешто што је господарило целом његовом идејом о срећи, маштом о слави, смислом о доброти и поноситости.

Уосталом нико још није знао шта је то заправо „широки свет". Зар Беч и Пешта! Зар је широки свет почињао од уског и плитког живота хабсбуршке државе, која је довела у нашу земљу све што је лоше имала једна дегенерисана монархија, и перверсног једна пропала династија, и оронулог једна формалистичка бирократија. У духу нашег онамошњег српског света и Аустрија као и сва широка Европа биле су два подједнака беспућа, синоним нечег што је претило Српству да га потпуно обесвети и оскрнави. Зар није Европа дозволила да ова земља пређе из турског ропства у аустријску тиранију, и да његов народ поред све проливене крви и даље измећари увек горем од себе!

Али ово мишљење једне младе генерације најпре је погодило самог нашег песника Шантића. Да је Шантић, напротив, имао моћи да се ипак отргне из своје средине и оде негде у широки свет, цело би његово песничко дело изгледало много друкче, али, нажалост, овај песник ни до краја живота није знао за једну иначе поносну човечију истину: да изабрани људи не живе од оног што им живот дадне, него од оног што сами од живота отму. – Шантић, по природи пасиван, није се упустио ни у борбу са судбином ни са људима. Уклањао се од свих искушења и стрепио од утркивања и надбацивања за ма какву вишу славу или сујету. По природи није био радознао, и зато није желео ни нова ни ретка узбуђења. Напротив, дивио се, и то увек несебично и срдачно, само туђој слави и туђој срећи, и туђим амбицијама, и туђим женама. Сва људска преимућства је увек остављао да их упозна сутрадан, или идуће године, или некад пуно доцније, не осећајући да у животу ништа не чека на нас, него да све жури да нас претрчи и надлети. А лепи Мостар је био опет толико тих да се о времену није добијало никакво осећање; и толико једностран да се о људским разликама није имао никакав смисао. Сви су дани у том граду мало доносили, али су и сви његови људи мало желели.

II

Због свега овог у Шантићевом песничком делу има тако мало личне историје. Верујем да ово не смета да његову поезију ипак до краја осетимо, и да нађемо њену праву меру. Можда није уопште ни неопходно знати интимни живот једног писца, ни много већег, да се он до краја осети и одмери. Ја мислим и сасвим обратно: можда ћемо најбоље разумети једно уметничко дело ако не будемо ништа знали претходно о присном животу самог уметника. По личним доживљајима можемо у песничком делу и да нешто објаснимо, али не и да оценимо његову битну вредност. Песнички интимни доживљаји нас више забављају него поучавају; а легенда о уметнику, коју свет затим изатка, може и да нас заведе на криви пут, пошто она често испадне лепша него и само његово дело. Чак понекад и виша него сам уметник. Бајрон и

Хајне и Бодлер забављали су тако свет легендом о њиховим чудним или страшним навикама и доживљајима, због чега се на њихова дела гледа можда погрешније него што би се то догодило да су те интимне ствари остале непознате. Легенда увек истрчи испред писца и испред самог његовог дела. Ја сам због тога много пута читао најпре неко дело, а тек после њега предговор или биографију. И верујем да нисам грешио.

Како се одиста може ценити једно књижевно дело када оно у много случајева и не личи на човека који га је направио. Било је у књижевности великих хумориста који су у стварном животу били прави меланхолици; и било је љутих сатиричара који су у приватном животу били благи и љупки. А неоспорно је да људи много више доживе маштом него стварним случајевима, пошто човек стално стоји опчињен својим илузијама, утопијама, надањима, значи да највећи део живота проведе у апсурдном и неостварљивом. Где је, дакле, овде граница између стварног и таштог, а нарочито у животу песника који све што уради вуче из својих фикција и свог уображења.

Можда само омањи уметници говоре искључиво о себи. Шопен је, не примивши какво писмо од госпође Жорж-Сандове, могао написати једну своју жалосну сонату или један свој плачевни ноктурно, али у животу Бетовена туга није била лична него космичка. Зато и мали песници певају жени, а велики песници певају љубав. Петрарка је испевао своју љубав у једном трансцендентном привиђењу, а не у стварном доживљају. Други талијански песник, Леопарди, испевао је најлепше стихове двема девојкама које је виђао само на проласку испред његових прозора.

Значи и да су у песничким љубавима идеје о жени и о љубавима можда већма фикције него истине.

Можда треба понекад остати насамо са књижевним делом као што останемо са *Илијадом* или *Библијом*, о чијим творцима не знамо ништа, нити нам је кад пало на ум да је то неопходно знати да бисмо уживали у читању тих дела. Инспирација је увек сама себи довољна. У Партенону је Богиња била осветљена само на један прозорчић у крову, како би све друго око ње утонуло у сенку. Летос сам тражио у Амстердаму, у јеврејском гету, убоги стан Рембрантов, где је овај уметник сликао немајући тако исто него само један отвор у свом крову, и стављајући на платно само онолико од човечјег колико се небо хтело на њему да прокаже.

III

Без нарочитих доживљаја какви су обично познати у животу људи од маште и талента, Шантић је у свом малом граду на Неретви проживео свој век једино у поетским привиђењима, пометеним жељама, мутним очекивањима. Али и у једној нарочитој чедности и скрушености своје идеје о животу. Ни за чим није свом силом посегнуо, ни за чим свим срцем зажелео.

Тек доцније поче Шантић, и то свом силом открића, да верује, као нико од његових другова, колика је мисија речи и власт стиха. Ово је открио нарочито после своје патриотске песме „Остајте овдје", која је убрзо имала у његовим крајевима најшири одјек. Шантић није био револуционар, али је подоста био апостол; и није био бунтовник, али је био искрено проповедник. Зато наједном поверова у песму као у мач. Уосталом, у свако српско доба, као и за време Змаја, стихови су били неминовна потреба српској средини, а у Херцеговини су били потребни нарочито због националног отуђивања и због аналфабетизма масе. Шантић је веровао да треба народу проповедати некакву веру у чудеса која треба да дођу, и која су одиста и дошла револуционарном акцијом доцније сарајевске генерације. У том правцу су писане песме које нису претендовале на вечитост ни на славу, које су читане и дељене у рукопису, и које су учене наизуст пре него су биле негде штампане. Може се рећи да је смак аустријског режима у оним земљама био доста предсказан таквим песмама из мостарског песничког круга. Уосталом, свако је помало писао стихове. Не само Шантић него и Гаврило Принцип, судећи по неким стиховима његовим, имао је неоспорну песничку жицу.

И данас се помиње нешто у онамошњем српском духовном животу што се зове мостарским покретом. Тај покрет је одиста почео песмом, као што песмом почиње све на свету. И тај покрет је постао ускоро историјски, не по детињастим стиховима на почетку тог покрета, него по националној манифестацији српског карактера која се тим поводом афирмирала пред туђим режимом. Нарочита појава књижевног листа *Зоре*, друге половине деведесетих година, за коју се највише дугује приповедачу Светозару Ђоровићу, постаје већ крупним случајем. Први књижевни часопис у Херцеговини, и то српски! Макар и слабачки стихови и проза мостарског Парнаса ставили су већ спочетка окупаторским властима до знања на коме је царство у оној земљи, и да је на Урошу царство! Због овог случаја оно је раздобље било један датум у развитку српске свести и културног духа једне велике наше области.

Тако је у рапсодичном крају наше земље избио полет који је одиста носио у себи могућност и даљег развијања, и већег домета. Мали Мостар је у једно кратко време изгледао да ће убрзо постати у књижевном погледу сличан старом Дубровнику, или бар Новом Саду, названом малом српском Атином. Нажалост, ово се није догодило најпре зато што се мала група око поменутог часописа није умножила, него чак убрзо разредила, и што су се неколико њих преселили у Сарајево: као Атанасије Шола, у то време књижевно најобразованији члан тога круга, вративши се из Париза, а затим др Урош Круљ, уредник важног политичког листа *Народ*. Нови се круг ових омладинаца створио у Сарајеву, али узевши одмах изглед револуционарни против окупаторских власти. То је доба Петра Кочића и Васиља Грђића, које ће завршити Гаврило Принцип једном крвавом страницом. Међутим, једно је неоспорно, да је дух једног новог доба пошао једино из Мостара, и да постоји неколико имена из мостарског круга од којих се више не може ништа одвојити у историји оне трагичне земље.

Алекса Шантић је можда скоро једини остао на свом месту у Мостару, тако рано опустелом. Али његово се име кроз један леп број година носило кроз омладину као једна нова застава. Шантић је на тај начин био постао већим него и његово књижевно дело. Он је био оличење новог Мостара, који је постајао помало славним. И Шантић није више био само трубадур, него и вођ једне идеје и први културни борац. Истина, није учествовао у делегацијама за бечког цара да оптужује његову сарајевску владу, ни ишао у Цариград да православном патријарху оптужује за насиља над српском црквом. Ово су радили политички вођи. Шантић је, међутим, стајао на свом сопственом шанцу, снажнији на живој речи него и у стиховима; он је једно време изгледао мегданџија који се бије и за све остале, као Јован Ћурсула.

IV

Ето зашто се авантуре маште и срца не налазе као главни мотиви у песничком делу Шантићевом. Све је било устукло пред величином моралног проблема и пред потребом за крупна национална решења. Заиста, ово је био један златни век у том граду, где је најмање било злата. То је било за целу ону покрајину једно сјајно доба, које због неколико инспирисаних младића ништа више неће моћи да помрачи. Цео свет је читао стихове: и трговци, и занатлије и хлебари. Мостар и песник Шантић! Стари Грци би овај град и овог песника направили легендом о двоструком бићу, и насликали њих двоје као два брата Диоскура.

У књижевном погледу, Мостар је имао утицаја и на даље писање у оним двема окупираним земљама. Млађи повремени песници инспирисали су се Шантићем, а сам Кочић се инспирисао Ћоровићем, док су сви градови били инспирисани Мостаром, који је због овог културног устанка био сматран средиштем целе оне земље. Шантић и Ћоровић су нарочито показали љубав за наше муслимане, и били пуно вољени у њиховим круговима. Ћоровић је написао један велики број приповедака из муслиманског живота, а Шантић је био најдубље дирнут сеобом Срба муслимана у Азију, и за њих написао чувену песму „Остајте овдје", која још и данас живи и прожима све свесне муслиманске духове:

Овдје вам свако братски руку стеже –
У туђем с'вјету за вас пелен цвјета;
За ове крше све вас, све вас веже:
Име и језик, братство, и крв света.

Шантић је био први хришћански песник нашег језика који се обратио муслиманима оваквим речима срца. Нико то више од њега није могао искреније ни учинити. Никад за то није био и озбиљнији моменат него кад је та песма испевана. Зато ово није био само један књижевни случај, него један случај савести. Може и не значити много једна лирска песма, чак и кад је најлепша, али једна лирска песма која дефинише цео један историјски факат, она је за свој народ један докуменат, и један завет.

Требало је бацити у заборав вековну крваву борбу раздељене браће, Срба православних са Србима муслиманима. Те борбе су биле продукт историје, на начин како се то видело и у народима много културнијим него што смо ми. Ова раздељеност долазила је из средњег века, за време његових кобних инвазија које су целу Европу бацале у међусобне борбе, не само међу народима, него и племенима, и градовима, и догмама, и културама. Нарочито је средњи век поделио народе на унутрашње огорчене верске борбе, не само код нас на Истоку, на хришћане и муслимане, него и на Западу на католике и протестанте. У азијским земљама клали су се међусобно и муслимани, припадници *Корана* – секте шијити и сунити – једино због ништавног питања да ли је неко лице, које се казивало из Пророкове породице, одиста припадало тој светој лози или није; разлика је између верских борби у другим земљама европским и наших борби са муслиманима била у том што су верска крвопролића онамо завршена са средњим веком, док је у нас, где је средњи век био најдуже трајао, ова борба верска трајала све до Вучјег дола и до битке на Дугој, и до чувеног Невесињског устанка, што значи до Берлинског конгреса, односно до упада Аустрије у наше земље. Мостарска генерација песника је због тога наше верске онамошње разлике добро схватила као једну кобну успомену из историје једног истокрвног и једноименог народа; и да као такво наслеђе средњег века те борбе треба сматрати и завршеним једним смирењем и измирењем, као што се то видело и по европским земљама, које су биле растрзане верским ратовима. Приповедач мостарског Парнаса, млади Ћоровић, у својим причама, пуним љубави за муслимане у нашој земљи, први је дао знака оваквог разумевања; а Шантић је својом песмом, коју смо горе поменули, поставио ову љубав као аманет поколењима колико и као програм књижевног покрета у ондашњем нашем Мостару.

Један млад муслиман, ученик Шантићев у песништву, једна фигура више пророчка него песничка, Осман Ђикић, родом из Стоца, пришао је свесрдно мостарском Парнасу као писац стихова који су међу његовим једноверницима направили били једно изванредно морално стање, национализацију у виду Српства, а чији је круг затим захватио и босанске муслимане. Ово осећање крвног јединства подигнуто је до степена да је Мостар и за муслимане био постао епицентар, одакле су полазили сви таласи, који су колебали затим ону земљу. Ово је био један велики понос Мостара оног времена, овако уједињеног у једном истом националном изгледу, који је, уосталом, прешао затим и у политику коју је водио чувени муслимански вођ Џабић на једној широкој основи. Зато мостарска генерација није престала да сматра Османа Ђикића, без обзира на његове невеште младалачке стихове, као историјску појаву, и чак најизразитију личност нашег муслиманства после Мехмед-паше Соколовића.

V

Стварно, Алекса Шантић је и по свом духу народног борца, и по својој некомпликованој поетици, најближи био великом Змају. Уосталом, Змај је био одиста његовим идеалом целог живота. Он је волео Змаја већма него ма којег другог нашег песника, и то Змаја националног борца више него Змаја првог и великог нашег хумористу, или Змаја ненадмашног дечјег песника, или најзад Змаја као песника љубавног. Истина, догодило се да у ово исто доба о којем говоримо лиризам ратнички и ослободилачки Змаја, Каћанског и Абердара беше доста попустио у љубави шире српске публике. Чак је пред конац живота самог Змаја то родољубиво песништво било пало у немилост. И ово што је у његовом таленту било најбоље и најочевидније, Змају се одрицало и са београдске катедре. Онамошња нова генерација била је добила у младом Војиславу Ј. Илићу једну нову наду, али и један нови израђај ближи онамошњем свету. Војислав је одиста већ првим иступом покушао да спасе српску лирику од неизбежне патриотске реторике и необилазне емфазе и патоса, и да место тога унесе један интимнији и лични акценат, који је ишао да у неку руку из основе модернизира нашу лирику. Можда модернизира узимајући ипак за углед песнике, нарочито руске, већ из половине XIX века, а не оне при крају истог столећа, пошто су њему, углавном, били потпуно непознати песници његове генерације на страни, парнасовци, а нарочито симболисти, који су из Француске раширили били своју догматику песничку и на све околне земље. Романтизам Пушкина и Бајрона, са једним нарочитим личним осећањем природе, дали су Војиславу изглед мање романтичарске традиције, а више ове добро наслућене естетике, која је била пошла из француске књижевности. Свакако Војислав није био пуно настројен патриотским лиризмом, макар што је имао наклоности за политичку сатиру, коју би извесно био и развио до једне фине уметности да је његов живот дуже трајао.

Међутим, Алекса Шантић је у неколико својих строфа показао да је традиција родољубивог песништва била још и даље у укусу народа извесних неослобођених крајева. Он је покушао и да ту традицију донекле обнови, и то нарочито у једној лепој изградњи стиха. Док је још Змај живео и био читан, чак и дубоко вољен, у мостарској генерацији сматрали су Шантића да ће наследити Змаја у патриотском песништву. Ево једне строфе која не показује Змајев патриотски бунт, него карактеристични Шантићев патриотски бол:

На убогом пољу мога завичаја
Не чује се пјесма весеља и жетве,
Само шум жалосни робиње Неретве
Хладан вјетар носи преко пуста краја.

Било је и нечег сличног у судбинама великог Змаја и нашег мостарског песника Шантића. Змај је био изданак револуционарног доба после 1848. у Војводини, и штитоноша славног борца Светозара Милетића; а Шантић је био изданак Херцеговачког устанка из 1876. године, који је на крају донео српском народу оне земље ново разочарење и нову тиранију. Змај је највећи део живота провео у мађаризираном Новом Саду, а наш Шантић је провео цео људски век у Мостару, где су били дошли странци да униште оно својом културом што Турци нису били успели да потпуно униште својим варварством. Најзад, Змај и Шантић су имали и исти извор инспирације, и исти лични месијанистички занос. Има Змајевих песама које би рекли да их је испевао Шантић, и обратно. Оба ова песника имају родољубивих песама које би по својој чистоти могле ући у молитвеник, а не само у антологију. Шантић пева својој Музи:

Горе нам плачу, јауци су чести,
Устај и црну одежду обуци,
Свијетли пехар понеси у руци,
И крепком вјером мој народ причести.

Патриотска поезија има своје доба и кад се пише и кад се чита. То је увек доба великих епских догађаја, кад се народи налазе пред превратима, било због тираније унутра или пред крвником споља. Дуго су за Србе изгледали типични песници родољубља и побуне немачки песник Кернер и мађарски песник

Петефи. Њихове песме су изгледале нашем свету громке као убојне трубе, и заносиле ондашњи наш свет романтичне природе, толико задоцнеле према романтизму западном. Патриотске песме Виктора Игоа и Огиста Барбјеа биле су, међутим, непознате; а оне су биле и неподударне са нашим животом, пошто нису биле уперене против страних непријатеља, него против домаћих тирана у ондашњем царству. Виктор Иго је био осамнаест година у политичком прогонству ван отаџбине, и то не толико као нарочити патриота колико као нарочити полемичар. Он је написао *Казне* против Наполеона III, веома силне и огорчене: „педесет хиљада стихова мржње“, као што се доцније песнику приговарало. За Огиста Барбјеа знамо да је доцније био исмејаван због његових сатира, за које се каже да су долазиле из пркоса и злоће више него од патриотског бола и моралне побуне.

Зато треба разликовати песнике *патриотске* од песника *политичких*, какве је мрзео Гете, говорећи да је политичка песма гадна песма. Политичке песме одиста изгубе од својих одлика већ одмах кад прође доба и кад прођу људи на које су се те песме односиле. Патриотске и ратничке песме, напротив, звоне као убојни маршеви и када престану борбе и битке. Кернер и Петефи, као ратни трубачи, одиста су нечитљиви за време мира. Међутим, прави патриотски песници као Змај и његов ученик Шантић остају и даље савремени а њихови стихови увек лепи, а то стога што патриотска песма пева љубав за тло, која је уопште најдубља и најмрачнија човекова љубав на свету. И пева љубав за свој народ већма него мржњу против неког другог народа и кад је непријатељ. Ми данас осећамо Тиртеја и Хорација у њиховим стиховима у којима певају љубав за отаџбину; а можда их и разумемо већма него у ма којим другим њиховим песмама и осећањима, нарочито кад се тиче Хорација. Родољубље ће постојати међу људима докле буде постојао и њихов род и земља и језик. А осећање отаџбине јесте једно нарочито осећање културног човека, равно само осећању части.

Оваква патриотска песма је, у ствари, увек једна љубавна песма, пошто и она пева љубав; а осећање патриотско је исто толико осећање заљубљеног човека колико и осећање између човека и жене. Обадва су везана за огњиште и достојанство. Зато је родољубиво осећање мрачно и сурово, љубоморно и некомпромисно, као и оно друго. Значи и да је такво осећање ствар крви и тела, осећање скоро варварско, битно, нерасудно, и атавизам који је производ дугих историјских наслеђа. – Уосталом, човек у све велике ствари верује истим начином и са истом екстазом. Свему божанском у човеку је покрет пошао увек из истог чистог извора. Људи своју отаџбину зову својом Мајком, као што би је могли звати Богородицом или Вереницом. Зато ми од сваке дубоке верске или љубавне песме можемо лако направити патриотску песму: само је њихов симбол друкчији, али је њихова суштина иста.

Није ни данас прошло време патриотске поезије, ма шта се о том мислило. Оно ће проћи само ако нестане у човеку једно његово крупно осећање, осећање тла и огњишта, а пошто је ово осећање урођено, оно не може престати. Ако патриотска поезија и не цвета у једној генерацији колико у некој другој, то је стога што свака поезија одговара свом времену, и што песник у свом времену не може стајати одељен од општег духовног и душевног стања. Истина, ни свако доба није епско, због чега ни садржина песништва није сваки пут највишега рода. Има један закон људског срца: мала времена – мала поезија! А мала времена, то су као ова данашња, значи времена дубоких духовних нереда у којима човечанство лута по беспућима, не верујући више ни у што као што је некад веровало бар у Бога. Времена пометњи каква можда не памти историја! А да се напише *Божанствена комедија* и *Ослобођени Јерусалим* или да постане сликарство Ђотово и Фра Анђеликово, није довољно да се роде Данте и Тасо и Ђото и Фра Анђелико, него да постоји једно велико морално и духовно време.

VI

Лепота Шантићевих извесних патриотских строфа превазилази његове остале песничке ствари, нарочито љубавне. И овакве су његове песме простосрдачне и пуне чистоте у осећању и у изразу, али су оне испеване без нарочитог залета и без душевних и духовних компликација. Оне се задржавају на општим одликама лирике ове врсте, блиске су народним, а понекад бојадисане на начин севдалинки. У погледу ове врсте љубавне поезије, Шантић завршава Змајеву периоду *Ђулића увелака*, која се више није враћала ни обнављала од тог времена. Доцније лирика је отишла сасвим другим путем, тражећи друге изворе и друге начине, извесно све сложеније и дубље. Верујем чак и да је у том погледу наша лирика већ данас достигла степен префињености и трансцендентности каква постоји само у највећим књижевностима европским.

Наши то критичари нису истакли, што може значити само да је моје мишљење тиме још тачније.

Уосталом, Шантић је био љубавни песник само у доколици. Увек је био заљубљен без довољно убеђења. Овај човек аполонски леп у својој младости, за ким су лудовале аристократкиње бечке које су тада живеле у Мостару, остао је без свог љубавног романа. Оно мало љубавног живота Шантићевог трајало је тек нешто до изнад тридесете његове године, значи до оног доба када други људи, напротив, тек почињу свој живот срца. Те његове мале љубави биле су без драматичности, без сентименталних компликација, без префињених химера, без сукоба са једним противним сполом, и без фаталних сукоба са самим собом. Зато у његовим стиховима једва ако има каквог трага од какве љубавне олује, или бесанице или главобоље. Колико ја познајем овог свог присног пријатеља, он је волео свега два пута у животу: најпре једну лепотицу пореклом из Срема или из Славоније, која га је очајно волела, и затим једну патрицијку из Мостара, која га није могла очима видети. А Шантић сав сјајан у својој мушкости, душевности и богатству, занимљив и заношљив, веровао је да је баш заљубљен у ову другу, и њој је испевао своје љубавне плачеве. Можда је помало и патио у тој љубави, али не дуже него што треба да пати један здрав и разуман човек:

> Прошла је бура, стишале се страсти,
> И љубав с њима све је ближе крају,
> Друкчије сада твоје очи сјају –
> У њима нема ни силе ни власти.

Шантић није, дакле, био из породице добровољних страдалника какви су у таквим случајевима били многи песници, љубавни утописти; и он се брзо, као и Милан Ракић, у тим приликама, сналази и ослобођава:

За друштво никад не бјеше нам стало,
О себи само говорисмо дуго;
Но данас, драга, све је, све је друго;
Сада смо мудри и зборимо мало.

Очевидно, Шантић није био љубавник од расе, за какве је обично жена саздана од хиљаду утвара и загонетки. Био је и без болесне маште, и уздржљив, и поносан. А нарочито, био је до крајње мере чедан човек. Љубав за њега није била ни у физичком нереду, ни у обести сујете, ни у потребама за продубљивањем жене и проверавањем себе. Напротив. За Шантића је љубав била само једна нежна словенска чежња и једна блага хришћанска доброта, од којих нити је болела глава ни страдао образ. Шантић је поред тога био и господски лењ и богаташки немаран, и бежао је од нереда и немира. Зато ако никад није имао за жене похоту једног источњака, није имао за њих ни фину духовну манију западњака. Увек је била посреди помало љубав једног патријархалног српског младића који у народној песми дарује девојци јабуку из недара, и прима од девојке везену мараму иза појаса. Тако Шантић није знао ни шта је фатална жена, ни жена инспираторка, ни љубавница као добра другарица. И није знао за љубавне отрове, за злочиначке маније у интригама срца. Туга у његовој лирици једва ако је осетна; и ниједна његова љубавна рана није била без пребола.

Шантићева еротика, то је, као и код многих наших ранијих песника, једно естетичко осећање више него мрачна сабласт инстинкта или дубока провалија разума. Као у Змају, тако је и у овом његовом ученику љубав, на крају крајева, једно чисто породично осећање, једно лепо душевно расположење, и бацакање слатким речима. У песми „Пролеће" наш песник позива драгу да не заспи те ноћи, него да сиђе у врт, јер ће се те ноћи родити пролеће; а над Мостаром се уздићи Бог љубави мали кудрави Љељо, и она ће бити прва запаљена ружа тог пролећа... То је цео садржај ове песме, као што се види врло безазлене. Садржај друге песме „Метеор" јесте овај: песник седи на старој клупи у врту где шуми шедрван, а осећајући своју драгу прибијену уз своје тело, осети... како крило једног анђела додирну њих двоје заљубљених... А садржина у трећој песми „Пахуље": поред немарног описа како пада снег по Мостару, песник описује и своју драгу како је пахуљице облећу као сребрни лептири, и како само на лицу његове драге и даље пламти пролеће...

Овако су писали о љубави и многи наши ранији песници. Али у том погледу је и Шантић човек свога краја, врло патријархалног, где су љубави сматране за споредне страсти и беспослењачка маштања. Тако видите да Шантић себе описује са његовом драганом увек негде напољу: у врту, на улици, наочиглед целог света. Лепе ондашње Мостарке нису биле још знале за типичне љубавне састанке по каквим мрачним алејама, или прикривеним гарсонијерама. Мостар је био град на Истоку више него и град на европском небу. Мостарка је провиривала кроз прозор који се још звао пенцером, или на врата која су се звала капиџиком, као у Анадолији или бар као пре више столећа у Гранади или у Севиљи. Ако се у Шантићевим песмама помињу и шедрвани, то је због осећања носталгије коју је онда његово друштво имало за непознатим тајнама Истока, макар што је он био и у самој кући. Додајмо ипак да у целом Мостару оног времена није постојао него само један шедрван, и то на самој главној улици града, и који је нажалост једва уопште цурио. Али ово није сметало ни другим мостарским песницима да у њиховом слуху и овај један једини шедрван буде шуман колико и цела Алхамбра... Кажу да је и Виктор Иго написао *Песме са Истока* и не познавајући Исток друкчије него гледајући са Монмартра рађање сунца над Паризом. И један тадашњи добар друг Шантићев певао је у својим детињастим визијама Нил и лепу Леилу, и то у једном судбинском предосећању да ће га затим усуд одвести да проживи одиста неколико година на Нилу, и да добро на месту упозна чар и досаду онамошњих аутентичних Леила.

У свему, дакле, Шантић је био човек свога тла и свога времена. Био је и без икакве намештености, снобизма, противуречности. Стварно, Шантић је пре свега правио свој сан за себе и своје другове, који су га читали са љубављу, и тумачили без оштрине. Уосталом, Шантић је правилно мислио: да је права несрећа за једног песника ако његове стихове читају и они који га лично не воле. Песма никад није лоша осим ако је лажна. А Шантић је веровао у своју песму зато што је знао да није никад слагао. И његови другови су у његовим песмама увек налазили и оно што он није био ни рекао.

У својој благој екстази, која је била једна његова лична одлика, Шантић је певао своју земљу природно и предано као што би јој певао какав тежак који је залива знојем. И певао је народно име као какав војник који га је искупио крвљу. И певао је жену већма као њен брат него као њен љубавник. И певао свој Мостар, нарочито у својој бојадисаној песми „Зимско јутро", коју ја лично пуно волим због њене изванредне локалне боје, а певао га је као да је Мостар средиште света. И најзад, певао је своје родитеље и помрлу браћу Јефтана и Јакова и блаженство домаћег живота. А све то као човек који се никад није попео на брег или на кућни кров да види има ли још ичег другог на земљи осим оног што га сваког тренутка окружава. Иво Војновић је знао само за Дубровник, али се није био везао за свој родни град сталним боравком, а Шантић није нигде провео више од неколико дана, да се одмах затим врати у свој Мостар. Шантић је био најмање номад од целог света. Чак и у свом Мостару кретао се само у једној улици. Најзад му је и мали Мостар постао одвећ хучним. А последњих година живота, у најжалосније дане, чак и његова скромна домаћа соба у којој је био заточен, изгледала му је одвећ широком.

Као песник, Алекса Шантић ће најдуже остати по својим патриотским стиховима. Они остају нарочито везани за Мостар као спомен на једно одиста херојско доба тога града. Јер је Шантић, први после старих гуслара, у оној земљи испевао стихове као уметник једног новог и културнијег доба. Као Сигфрид који је сам себи исковао мач, и Шантић је себе направио војником једног раздобља. Зато Шантић и његово време остају у оној нашој племенитој земљици неразумљиви једно без другог. Шантић је у свом крају имао једно доба које је припадало најпре њему, и оно ће се, неоспорно, звати само његовим именом.

МИЛЕТА ЈАКШИЋ

Милета Јакшић је био православни калуђер. Али калуђер који није живео у манастиру и у тишини, где допиру гласови виши него што су људске среће и несреће; него је, напротив, живео у богатим и радосним банатским селима, где се пије добро вино, јашу брзи коњи, и воле снажне жене. Служио је цркву која нема довољно мистике, и средину у којој су верска осећања искрена али конвенционална. Носио је црну калуђерску ризу кроз целу своју младост, када други људи живе више за себе него за Бога; а збацио је са себе ту ризу управо у доцнијим годинама, када се обично други људи почињу повлачити из живота, и облачити на себе кострет покајника. Тако је Милета Јакшић постао најзад световњаком, чак и ожењеним човеком, да најзад постане и становником престонице, која је, као што се зна, најчешће расадница свију грехова. Овај песник у коме је, неоспорно, била једна видна златна жица лирског талента, прошао је овако између људи као човек који је погрешио улицу, и који се никад није нашао онде куда је био кренуо. Залутао је у свом сопственом животу, као што други људи залутају у туђем граду.

И велики Петрарка је био калуђер, али је рано побегао из друштва, макар што га је оно тражило и обожавало. Чак се је из самих кнежевских дворова склонио у једно забачено миланско село, које се, чудним случајем, звало Пакао, а затим у једну самотну шуму према Парми која се називала Мирна или Тиха или Глуха; а свршио је најзад у својевољној тамници, провансалској Воклизи, где је десет година плакао за Лауром коју је била однела епидемија... И песници Лопе де Вега и Калдерон, и сликари Фра Анђелико и Греко били су калуђери. Али док су ови страни свештеници религијом и постом успели заменити и све несреће личне и породичне, наша два песника калуђера Лукијан Мушицки и Милета Јакшић нису унели присуство Божје у своје духовне кризе и сукобе са животом. Лукијан је у својој поезији класичној и паганској, идући са Пиндаром и Хорацијем, показивао све особине свештеника без цркве и представника неког култа без догме.

Истина, Срби нису имали свој средњи век, који је по суштини био век латинског језика и латинске културе, и због чега смо ми, према странцима, извесно у духовном губитку, као и Руси. Пошто углавном нема дубоког уметничког дела без верске инспирације, ми бисмо у нашој тако ограниченој моралној сфери могли странцу изгледати жртве једног стања духа које није ни рационализам ни паганство, него безверје и верска апатија, чак и једно прећутно непризнавање виших закона. Свети Августин је у четрдесетој години постао хришћанином, јер му његова дотадања вера није достајала. А српски калуђер Милета Јакшић напустио је цркву не зато што му вера није достајала, него што му је наједном нестало вере у себи, у своју мисију, у свој пут. Овакво стање духовно јесте заправо највећа драма човекова. Лакше је поднети и губитак вере у Бога него губитак свих илузија о себи. Многи су у таквој кризи губили и памет и живот.

Међутим, најжалосније је у случају овог војвођанског песника можда у томе што се та катастрофа не огледа ни у једној његовој песми. Ма колико несрећник и самотник, он је био песник идиле. Милета Јакшић је био најбољи у неколико неличних својих песама, које не додирују његове доживљаје ни његова уверења, и које су углавном слике са улице и описи из природе. Као многи наши писци, и овај песник је најмање забележио себе самог. Ово је била права штета за једног лиричара несумњивог и истинитог, макар и никад недозрелог, и никад довољно обрађеног талента. Можда за ништа више и узвишеније није имао довољно душе. Али није имао довољно душе зато што није имао довољно вере. Слаб да своје прилике потчини и покори својој песничкој личности и човечјој мушкости, он је сам најзад пао побеђен.

*

Знимљиво је за Милету Јакшића да је он први и једини наш песник декадент. Био је песник декадент и не знајући за декадентску школу која је онда цветала у Паризу; био је футурист и не знајући за талијански футуризам који је тек десетину година доцније рођен у Милану. Њему ни француска ни талијанска књижевност прошлог века нису канда биле познате. Међутим, по неколико његових декадентских песама, њега би и декаденти и футуристи били поздравили као једнога од угледних својих представника из авангарде.

Милета Јакшић ће дуго остати у нашој књижевности и по томе што је пао као жртва наше критике у доба кад је полемика прешла била са трибуне на катедру, и када су страсти политичких агитатора биле захватиле најзад и дух наших културних универзитетских професора. Он ће остати као пример шта може једна злонамерна књижевна критика направити у духу једног песника ако испред добре намере стане пркос, а испред савесности извесна лична пакост.[*]

---

[*] Алузија на оцену прве збирке песама Милете Јакшића од стране књижевног критичара Љубомира Недића, који је „ишао за својим пркосом више него за својим осведочењем“.

„Оцена Милетине књиге је била толико семинарско цепидлачење, толико бескомпромисно хватање у погрешкама, толико злурадо трагање за кривицом, да је песник Милета Јакшић, синовац Ђуре Јакшића, којег је Недић толико истакао као узор, за велики низ година престао да пише, а вероватно престао и да онако живи како је живео до тог времена. То је била катастрофа читаве једне људске судбине, а не једне књиге ни једне књижевне амбиције. Немајући довољно спреме да прими двобој са књижевним научником, Милета је бацио свој мач пред ноге непријатеља, и повукао се са арене као човек не прободен него удављен без борбе.“ – Ј. Д.

МИЛАН РАКИЋ

Са Ракићем сам постао свесрдним пријатељем већ у првом сусрету, са првим погледом, са првим стиском руке. Уосталом, са Ракићем није ни било могућно друкче. Он је био направљен од једног комада, сав прав, непосредан, интегралан, сав затворена линија. Ничег наполовичног, условног, конвенционалног. Како је био зрео у свачем, био је то најпре у односу са људима. Или је одмах постао нечији пријатељ, или је целог века остао далек, неприступачан, непремостив... Од оних којих се клонио, бранио се прекомерном учтивошћу која одалечује већма него и прека реч. Његова благост карактера, коју су други истицали, била је, напротив, сва у сигурности, прецизности, издржаној посебности као и његове строфе.

Упознао нас је у Паризу некада Коста Кумануди, нама обојици најмилији друг у Латинском кварту. Али ког дана и којом приликом? Ко би се сетио тих младићких дана када смо сви личили један другом, и када се нико није удубљивао у своје утиске ни бележио своја изненађења. Ја сам дошао први пут у Париз 31. децембра 1899, значи последњи дан XIX века. Те вечери је свршавало једно велико и сјајно столеће, у којем су се до врхунца биле попеле све науке старе и нове, све идеје о човечности и слободи, сви успеси у проналасцима, и сви родови у уметности и књижевности; а рађао се други и крвави век који ће ове порећи и унизити, и који ће дати мегаломане и утопије, и који прети да све разори што је хиљадама година стварано. Париз је, међутим, те ноћи био сав осветљен, улице све распеване, Сена сва у огњевима свих боја, и сав ваздух у музици и клицању. А нови век је објављен звонима са цркава, и топовима са утврђења, и баханалијама какве Париз можда није познавао. Нико није предосећао да ће већ после прве десетине нових година у Европи пасти крвава киша и да ће велики рат отворити затим пут свима заверама против даљег прогреса и човечанства.

Тих дана сам вероватно упознао први пут мог друга Ракића. Он ми је спрва изгледао у свему сличан другим земљацима са којима сам се већ сретао, отменим друговима, уосталом, каква је била цела ондашња српска студентска генерација у Паризу. Ако га нисам нарочито запамтио исти час, то је зато што Ракић још није био песник. Знао сам га најпре по очима изванредно топлим и осмехнутим, и уснама које су биле стално у осмеху пуном душевности. Нешто чисто, истински младићко, благородно, ни најмање блазирано избијало је из свега што је од њега долазило. Свакако, ми смо сс нашли најпре на терену само заједничке младости, и састали се у две капи наше лепе српске крви које су се брзо слиле у исти млаз. И када год смо се затим сретали у животу – а то значи у Београду, где смо обојица само повремено наилазили, живећи оба стално у иностранству – увек смо се сретали са топлотом и радошћу, као два близанца. А када смо што написали, ми смо увек и најпре помишљали један на другог као најсигурнијег и најљубазнијег читаоца оног што који буде дао; и увек сатима разговарали један о другом без устезања, и то не само у покуди, него и у усхићењу...

Ја сам се увек осећао човеком са југа према Ракићу из Београда – једне помешане средине коју сам ја теже осећао. Али сам зато нарочито уживао у Ракићевом одвајању од целине, од општости, од поретка. Он је и као Београђанин познавао у њему само своје школске другове. Избегавао је скрупулозно све нове сусрете. То је био човек који је најмање допустио да буде досађиван. Никад није био у шетњи улицом, коју је увек претрчавао. Знам тројицу наших угледних писаца које је избегавао дуго док се није морао с њима сударити, да их затим лично упозна. Али никад није поднео њихову опсаду ни њихову срдачност. Макар и најљубазнији човек на свету, Ракић је био стварно један велики самотник. Чинило ми се да никог шешир није толико покривао, ни капут толико закопчавао. Цео свет је за Ракића говорио да је најфинији човек, али га нико није имао у рукама.

Једног зимског јутра у Луксембуршком парку у Паризу, поред статуа старинских краљица из доба Меровинга и Каролинга, са снегом по крунама и оделу, наш друг Кумануди ми је показао два-три папирића на којима су били нечији стихови. Ја сам већ штампао био у новом *Српском књижевном гласнику* своје песме „Дубровачки мадригал“, „Залазак сунца“ и друге, и био већ признат „новом звездом“. Кумануди ми је тражио мишљење о стиховима које смо заједно прочитали, не казујући ко је њихов писац. Како је Кумануди и сам био познат као врло књижеван човек, веровао сам да су стихови његови, што је он одрицао тврдећи поштеном речју, заклињањем у живот, упирањем прстом у небо... Ја сам нашао да су песме добре. Допало ми се, као ново, у једној песми сликовање „даска-праска“. И оценио сам да ти стихови уопште долазе несумњиво од песника културног и који има талента. Али ипак не сазнадох његово име. Мало доцније је Ракић завршио студије и коначно отишао у Београд, после чега су ти исти стихови изишли убрзо у *Срйском књижевном ѓласнику*, само са потписом: „Z“. То су били Ракићеви стихови. Он се са тим опет сакрио! Опет добро набио шешир и закопчао капут, али лепота његове инспирације, непосредност, интиман тон, мудрост у његовом изражавању, и једна посебност у свему што каже и како каже, брзо га је направила не само познатим него и чувеним. Од тога доба наша два имена су ишла напоредо, и њих извесно ништа више неће раздвојити.

Што се тиче Ракићевих мисли о једанаестерцу и дванаестерцу, он је имао потпуно право. У тим метрима су испевали многи велики песници своје често пута најлепше песме. Француски XIX век је, скоро искључиво, век тих двају стихова. Ракић је у њима све испевао, а и ја лично највећи део својих стихова. Не мора ово бити закон за друге генерације. Већ прво поколење после нас је прешло на слободни стих – слободни често и од ритма а не само од риме!

То није сметало да послератна поезија дадне неколико лепих имена. Ја сам увек био мање за само један или два стиха, али сам свакако увек био против слободног стиха, који су неки код нас сматрали новим, мада су Верлен и Верхарен пре педесет година писали у том стиху, а Леопарди пре стотину... Чак и поезија урођеника на Мадагаскару, која је врло лепа, испевана је у слободном стиху. И најстарији људски стихови су морали бити слободни а не ритмовани и сликовани. Хексаметар грчког епоса је једна велика етапа у развитку стиха. Према томе, слободни стих је повратак онамо одакле се давно некад пошло, још у правекове... Али зар то нешто смета да у њему буду изражене и најдубље и најтананије мисли? Ми смо баш у доба цветања слободног стиха (1895-1915), Ракић и ја, писали у најстроже везаним строфама и одмереним стиховима. Нисмо ишли за временом! Али је време пошло за старим добрим песничким осведочењима: данас већ слободни стих је изишао из моде, и најбољи песници последњих година враћају се старој естетици, строгој строфи, ритму и слику, као у доба најпедантнијих парнасоваца. Ово је, наравно, много теже, и многи се не лаћају строфе и риме. Али овде има предност која је непобитна: слободне стихове нико не учи наизуст. А песма која не живи на устима људским, она не живи никаквим животом, и она, ако ништа друго, остаје само на хартији.

Ракић је дванаестерац довео до савршенства. Његова поезија, нарочито, није могла бити речена без тог тако озбиљног и поносног ритма. Начин његовог изражавања и његова фигура ишла је увек на тај широки оквир. Има нечег наративног у његовој песми, нешто од епске силине која није могла бити затворена ни у какву другу форму. Ви познајете пуно дубоких песама у многих европских песника које су казане у стиху често пута врло ситћушном и на изглед фриволном, али је посреди и цео начин изражавања сасвим друкчији него у Ракића. Овај наш песник је као српски гуслар у десетерцу нашао у дванаестерцу инструменат који је одговарао и његовој целој природи. Он је дисао у дванаестерцу. Све стране стихове које је кад изговарао били су у том метру! А ја мислим да ово даје посебни чар његовој књизи, која изгледа мали епос испеван од почетка до краја у једном даху, на једном глазбеном инструменту, о једном јединном али врло крупном предмету.

Била је велика несрећа за српског књижевника што је Ракић већ пре петнаест година престао да пише. Он је имао још пуно да каже. Микеланђело је тек после шездесет година сликао своју Сикстинску капелу, а Гете у осамдесетим годинама завршио други део свог *Фауста*. И данас у Француској пишу најбоље људи који су блиски седамдесетој години: Марсел Прево, Андре Жид, Анри Бордо, а песник Пол Валери, математичар, ових је дана изабран за професора естетике на једном париском универзитету... Треба оставити само смрти да хероју отме мач а песнику његово перо...

ВЛАДИМИР ВИДРИЋ

Владимир Видрић је и по свом укусу за уметност и по свом смислу за живот, био само артист. У његовој књизи песама нема ниједног личног мотива, као да је његов век протекао без своје повести, само као део једне опште лепоте у којој он сам за себе није ништа значио. Као за Малармеа, и за њега је свет постојао само зато да се напише једна лепа књига. А како је Видрићева уметност пре свега сликарство и пластика, скоро никад музика, и извесно никад философија, цела је његова књига покривена једним отменим миром, и она не узбуђује ни онда кад задивљује. Та отмена мирноћа у књизи Видрићевој чини да нам мало дело овог песника изгледа већма као књига која је изишла из круга такозваних лепих духова; као збирка песничких радова каквог космополите који пише из сујете; као поетизирање каквог академика; као свеска стихова каквог човека од фине ерудиције и дилетанта од велике рутине; као, можда, један доказ да није далеко време кад ће цео свет умети да прави стихове онако како су то некад умели само избрани међу нама, или онако како то ни они нису умели.

То је, уосталом, фатална импресија коју добијамо кад год читамо једну књигу овако академску, то јест: у којој је више студије него емоције. Али и поред све своје привидне хладноће, ова књига није само производ таштине. Што чини да ове песме изгледају оволико неличне и индиферентне, томе је разлог у њиховом роду: то су баладе и романце, а не збирка интимних песама о себи и својој судбини. Па ипак је овај ванредно фини песник успео да и у овим баладама и романцама остави довољно од свог унутрашњег веома дискретног и интимног живота: своју благу али искрену меланхолију и своју осећајност која иде у морбидност; своју грацију која је изражена у самим наговештајима и напоменама, и свој укус за старински живот и људство. Додајмо да се у том укусу за старину осећа и његово озбиљно познавање класичног духа. А то све није мало. Ни песник који говори само о себи, није довољан једино тим да буде и персоналан. Своју персоналност су јасно изразили чак и они писци од талента који о себи нису никад рекли ниједне речи. Човек може да се прикрије или претвара када говори, али не може писац када пише. Зато нема ниједног уметничког дела од вредности а да на њему не стоји тачно забележена мера ауторовог и духа и срца: његове моћи опажања, његовог укуса, и, најзад, његове срећне или несрећне судбине на земљи. Бајрон није могао сакрити ни у својим песмама своју зловољну сујету и своју циничну пакост; ни Мисе своју слабост воље; ни Лоти своју хибридност и површност осећања; ни Данунцио свој егоцентризам и фанфаронство. Нису то могли ни виши од ових песника. Микеланђело је своје непријатеље у својим делима везивао за колац као мизерне робове, као што је Данте слао своје противнике у најгори обруч хришћанског пакла. Андре дел Сарто је свима својим мадонама давао лице своје жене, иначе најразвратније жене у Фиренци, чак и кад је био и далеко од ње, чак и до краја свог живота. Рафаело, који је сав божанствен и небески, сликао је целог живота своју љубавницу Форнарину, малу жену из убоге Трастевере, али без чијег присуства он није умео сликати, и у чијем је наручју најзад умро угушен. Ако се у његовим делима не виде насликане сцене из тог њиховог љубавног живота, види се добро историја једног осећања, и безумно усхићење за једну женску лепоту. И види се најзад крајња мера песничке љубави: да дивинизира оно у што је заљубљен. Све добро и велико је написано само људском крвљу. Све што се опевало, то се пре тога одболовало и оплакало. Нема ниједне велике уметничке истине која није и велика истина срца.

Нико не зна ко је био ни како се истински звао Сандро Ботичели, пошто је његов биограф Васари дао о њему податке који су се доцније показали нетачни. Ово је велики аноним, јер је Сандро само надимак а Ботичели је име његовог учитеља. И макар што ми не знамо ничег о личном животу овог мајстора, ми његов цео унутрашњи живот изванредно погађамо у његовим делима: његову танчину опажања, музикалност његове црте, његов трансцеденталан колорит, његову љубав за ствари у природи које он узима као атрибуте божанственог. Из овог се опет даје назрети цела душа и судбина на свету овог уметника који није оставио за собом ништа осим свог дела, дела које је једини доказ да је он уопште постојао. Свако дело је производ једног личног догађаја уметниковог. Света ватра стварања увек је зажежена једном искром која је дошла споља. Сваки песник од истинског талента тачно би могао рећи који је моменат изазвао коју његову песму. Геније творца само изражава живот човека. Све што је створено само је прича о себи. И када говоримо о другом, и кад говоримо о свима другим људима, то је увек говор о себи, својим суђењима и својим укусима. Мопасан је један од безбројних писаца који се никад није могао одвојити од себе. Он ниједну своју причу није измислио, него је њу најпре проживео или је туђи доживљај описао, каткад чак и најмањих међу људима. У уметности је човек заточеник самог себе; то је она класична сенка човекова у дубини пећине. Ако један уметник није своју личност силно изразио у свом делу, то је што је његово дело слабо, значи његова личност незнатна, значи његова природа убога и таленат мален. Иначе свако је људско дело или биографија једног духа или биографија једног срца. Кажу да се сликар Перуђино не може разумети док се не види његова Перуђа, али се и Перуђа боље види кроз дело и таленат њеног уметника него и кроз светлост њеног најлепшег мајског дана; зато што кроз уметника говори и душа тог предела. Рекло се да је дело производ средине; али је оно пре свега производ човекове судбине на свету.

Мала свеска песама коју нам је оставио Владимир Видрић довољно садржи песничког талента да то буде књига која садржи и једну душу. Овај песник је био романтичар по укусу и сентименталац по инстинкту. Има у једном погледу три врсте људи: они који живе увек мислима у прошлости, и то су сентименталци; други у будућности, и то су људи од акције; трећи живе с мислима у оном ефемерном тренутку што се зове садашњост, а ово су немоћни и ситни духови. Овај наш песник је имао очи увек на стварима и људима који су минули; и осећа се да у својим моментима садашњости није ништа доживљавао, а за будућност ништа комбиновао. Он је живео сав у опсесији старих лепота, и он је уносио целог себе у оно што је гледао с толико љубави. Био је сав естета.

Има нешто неменљиво у човеку, а то су инстинкти; али има нешто у човечанству што се мења на сваком већем раскршћу историје, а то је сензибилитет. По тој моћи и начину осећања деле се периоде историје већма него по стварним фактима. То су раздобља у којима се мења смисао о животу, а према томе и укус за лепоту. Инвазија варвара, крсташки ратови, пад византијског царства, реформа, биле су од пресудног утицаја за стварање нових скала у унутрашњем животу европског човека. Само хришћанство је много изменило толико менталитет човечанства, и дало сасвим друкчије идеје о животу и смрти, и о срећи и лепоти. Грчка скулптура је за нас хладна и њене фигуре често луткасте, и архитектура индиферентна и монотона. А то је зато што се са хришћанством наше осећање на једној великој линији изменило из основе, и наш смисао о лепоти постао компликованији него оних који су зидали и вајали Партенон. Не би ни старински читалац Софокла разумео довољно хришћанску трагедију Дантеову, и ужасавао би се од многих лепота Шекспирових, а ваздушасту и пенасту готику сматрао би за гиздавост детињасту и уметност женску. Нема у историји људске мисли и душе чудније забаве него утврђивати таква раскршћа и рачвања људског смисла о уметности. Могао би се скоро тачно рећи датум кад се које осећање родило.

Видрићева равнодушност према себи и свом личном животу, видела се и код страних песника. Довољно је поменути само Теофила Готјеа и Хередију. Парнасовачка поезија је истакла свој законик о имперсоналној лепоти, и била је реакција на романтичарску сентименталност и култ себе. Романтизам, то је страст; парнасизам, то је неосетљивост. Тридесет година славна парнасовачка школа била је реакција на претерано уопштавање и наивност романтичарску. Романтизам је немачко осећање, али парнасизам је француско. После романтичарског небулозног и свакидашњег, долази разумно и ретко; душевна стања јасније опредељена. После фамилијарног тона о себи и својим јадима, отмена мирноћа пред животом мисаоних људи и поносних духова. И симболички покрет није друго него једна грана ове велике школе мисли и форме, која све продубљује, јер су тражили ретка и најређа душевна стања, нијансу, нерасудне жеље, неопредељене чежње, мутна узбуђења. Међутим, признајмо да и не бранећи романтизам сасвим је људско не изићи из себе; то нису могли постићи ни Готје ни Хередија, најравнодушнији од свих парнасоваца. Може се чак тврдити да је Хередија имао такве ноте меланхолије, и такво горко осећање пролазности живота, као ретко који песник. Овај савршени естета није о себи рекао ни речи; његове се строфе називају мраморним, металним, али не само по изради него и по њиховој хладноћи. Међутим, то није тачно. Јер с колико је душе и душевности певао овај мирни и поносни песник велико разорење око себе, и с колико екстазе говорио о љубави. Ако је душа тог песника била више поносита и узвишена, није зато била мирна и утешена. Ја сам у сонетима Хередије налазио више искрене и природне сете него у плачевним стиховима романтичара; и његови су *Трофеји* једна књига песника који је лепоту видео само у трагичном нестанку ствари. Срео сам у Паризу и лично великог Хередију, на мало година пре његове смрти. Нисам видео лице већма налик на маску од старинске бронзе, али његове су очи биле пуне неизмерне туге, туге каквог конквистадора чије су галије пропале у Антилима. – Има пуно туге у Леконту де Лилу, и у самом Флоберу. А где има туге, ту има душе. Карактер сликара Енгра види се у његовим линијама, и то карактер човека који иде за уверењем и логиком више него за срцем и инспирацијом. Карактер, а то значи личност, једног Веласкеза, који је био чистокрвни шпански човек и шпански племић, види се у поноситим ставовима његових фигура, у иронији према вишим од себе, и у нежности према унакаженом. Дело се не да одвојити од уметника. Дело и човек, то је увек једно исто.

Владимир Видрић се огледа, дакле, у својој књизи песама и онда кад пева митске силене, заљубљене римске сенаторе, страсне јеврејске жене и шпањолске свеце. То је Видрић којег смо знали лично, Видрић заљубљен у жене и вино и сунце. То је доказ да песник у свом делу може затајити своје стварне доживљаје, али не може своје стварне душевне случајеве; може сакрити своју повест, али не може свој живот. – Има у Видрића једна фина меланхолија прошлости какве нису имали ни много виши од њега. Али што нарочито одваја његову романцу од осталих романца у европској литератури, то је што је тим старим стварима дао једну нову позадину: пејзаж и тон символичног сликарства тих последњих триестину година, нарочито Беклина и Сегантинија. Прича је спојена с једним личним „душевним стањем" које историја романце није познавала друге него у народним песмама. Немачка балада Хердера и Уланда, чак ни Хајнеа, нису то имале. Овде мислим на песме нашег песника: „Силен", „Боскет", „Notturno", „Кипови".

Ево садржине песмице „Боскет". У омрклом парку јабланови окружују бели бунар (сасвим по Беклину). Шуме јабланови тужно. Он је ту некад седео са својом драгом коју слатко назива госпојом. У небу лебде облаци и гасе се над црним јаблановима. А кипови гледају за њима, у грмљу, још већма побледели на тамном платну ноћи. Они су стисли рукама своје камене лире. Хладни су богови љубави. Они замичу хладни и бели, у општи сутон у којем се све растапа.

Ја ћу је исто чекати
Уз јутарњи сјен боскета,
Кој' одмнијева сав од пјесама,
Јер у љубави цвјета –
Госпе, гдје уза њ уздишем
Већ два сунчана љета.

Ова једна песма довољна је да покаже колико је грације било у таленту овог нашег песника. Све је овде у самом сликарству и све сликарство у непрестаном гибању тонова. Да је радио кичицом, он би био декоратор, што није много, али би био велики декоратор, а то је веома много. Да је поживео цео људски век, он не би никада напустио ова сликарска средства која су била за њега начин говора. Он је говорио сликама као што су људи писали јероглифима; јер он није ишао за мишљу него за очима. Његово уметничко осведочење долазило је из његове природе, као код сваког човека од талента. То не би био песник који би икад мислио дубоке мисли, ни правио крупне ствари. Али би он правио велика чуда на малим стварима. –

Он је био љубавник према жени и према природи; он и једној и другој тепа слатке речи. Ја веома волим тај његов однос према оном шта љуби. Јер и највећи песник је индиферентан ако нема тај интиман и љубак језик у стварима срца. Песник без грације испада чак и одуран, наметљив педант, насртљив школник, најчешће и лажов. Од грације пишчевог духа и срца долази оно што је највећма неодољиво, нарочито у лирици. Тај нежни говор са стварима у природи; то детиње око за предмете око себе; та простосрдачност с којом говори о најкрупњем и најсвечанијем; и то љубавничко у односу према свима случајевима срца, то је права и једина лирика. Парнасовац песник Сили Придом је био највећи када је био најграциознији, онда када је певао о очима плавим и црним, и о младој жени која сада наличи на његову прохујалу младост; онда кад тај философ-песник пева као девојче, или чобанче; наивно и по тону и по изразу, ма колико његове песме биле дубоке по својој фаталној истини. Има великих песника који су досадни колико су велики; а ми их не волимо ни кад им се дивимо. Они немају љупкости. Грација у уметности долази од топлоте песниковог карактера и нежности његовог духа. Љупкост се не да имитирати ни измислити; она је урођена највишим душама као што је величанственост урођена највишим духовима. Најдубље ствари срца могу се изрећи само на љубак начин, и то зато што је срце увек дете. Мудрост је у човековом погледу, а душа је у човековом осмеху.

Начин на који се Видрић изражавао, то је једна речитост непосредна, ненамештена и проста; чак и помало неспретна, што има драж какве народне песмице у дијалекту. Та његова једноставност је његова тајна; довољно је прочитати израду само оних неколико стихова малочас наведених. Он није био песник метафора, јер је метафора одлика јачих песника; он је био само и просто сликар. Да су његове песме најпре биле насликане, ви сте их могли одмах пренети у речи и стихове; или ако хоћете сваку његову песму да насликате и на платно, лако ћете успети. Између његове слике и његове речи скоро је тешко опазити границу.

Видрићева књига песама углавном је збирка балада и романца из митског античког и средњовековног живота. После оног што су нам оставили немачки романтичари не би можда било ничег битно новог у овој његовој поезији; можда би нешто чак и подсећало на друге. Али то не смета. Једно дело мора одиста бити веома лоше па да не опомиње ни на ког на свету! Овакви предмети за баладе су најстарији облици лирике; а све што нови песник може да им дадне, то је нов начин обраде. Може се ово исто рећи и за све друге књижевне ствари; јер све што један нов писац може унети у стари свет литературе, то је нови сензибилитет или бар нова форма. У Видрићевој лирици има нечег фриволног и детињастог, као у књизи *Бокови вазе* од Албера Самена. Тај тон, насмејан и грациозан, одваја га од натмурене романце Биргерове или академске строфе Хередијине. Тај род, већ потпуно занемарени, старинске романце, наш Видрић је модернизирао својом чисто сликарском позадином – јаблановима Беклиновим и облачићима Сегантинијевим.

Али је права несрећа што се и ово више назрева него доказује; јер је песник дао у том погледу само неколико благих огледа. Песма „Мртвац" и Беклинова слика „Света шума“ исте су по инспирацији и тону, толико да се не зна да ли је тај предмет пре насликан или најпре испеван у стихове. Тако су исто инспирисане и песме „Два пејзажа“, „Силен“, „Јутро“. Нарочито неколико паганских песмица имају тако детињу грацију и архаичку свежину, и тако примитивну слаткоћу речитости, да ја одиста не знам ништа лепше у овом роду лирике.

Сја јутарња звијезда. Дрхће и трепти
Јасика широког листа.

Под јасиком љупко жаморе дуде
А игра коло около Пана.
А шуми луг – то иде вјетар
О првом освиту дана...

Ова проста и старинска дикција, и ова паганска емоција без ичега од високопарног хелениste или латинисte, ова грација и у изразу и у ритму, то је била снага овог талента, на нашу жалост тако рано скрханог. Један песник мора бити велики артист да напише овакве евокативне речи о јутру у тој многобожачкој шуми:

Сја јутарња звијезда. Дрхће и трепти
Јасика широког листа.

Видрићеве песме „Помона“, „Coema“, „Силен“, „Ментор и пјесник“, „Мртвац“, „Ex Panonia“, имају аутентично историјско осећање и Видрић је очевидно редак међу нашим писцима који је познавао тако изблиза старинску културу и старински живот. Једини можда који је још имао услова да прави овакву лирику био је Војислав Илић, али је он одвећ мало познавао старе писце и мало видео старих ствари.

Међутим, он је имао и грације и духовитости, и могао је знати да извуче из далеког доба старог или средњег века оно што је за нас данас дирљиво или наивно: оно латинско брутално-сенсуално, или оно грчко детињасто-простосрдачно, или мрачно хришћанско-средњовековно. Али песник Војислав је мало читао и нарочито мало видео; за средњи век знао је из Хајнеа, а за стари век можда из Гетеа. Хајнеа је одиста осетио, као што је дубоко импресиониран Пушкином и Љермонтовом. Али Хајне није био само хришћанин; а велики средњи век је, стварно, хришћанско доба. Хајне није био ни довољно простодушан ни довољно мистичан да осети то доба кад се живело дубоким али простим животом људи оданих богу и оружју, зато је и његова романца лажна. Али је Видрић, напротив, имао све за добру романцу и за хришћанску баладу. Он је био римокатолик и знао је латински. Ни Војислав Илић, ни Милорад Митровић то нису. Они су могли још осетити српски средњи век немањићки и, да су хтели, наћи у њему довољан број раскошних сижеа; јер српски средњи век није уступао том животу многих европских народа феудалног доба. Ниједна катедрала шпанска нити иједна црква француска нема фреске наших Дечана, ни дубоку лепоту Хиландара, а можда ни дубљу побожност од Манасије. Немањићи су интересантнији него династије француске тих времена. Али на ту страну нису, нажалост, гледали та двојица српских песника, јер су ишли за хајнеовском и биргеровском естетиком. Плаштеви и мачеви, гвоздене рукавице и серенаде, плаве доне и заљубљени пажеви... Али у Видрића ничег сличног. Пример: његова романца о светом Алојзу, „хистеричном клерику са крином“, којег једна блудница на црквеним вратима доводи у искушење. Кад сам једног лета био у Толеду и прелазио праг славне толедске катедрале да потражим место на којем је тај светац примио од Богомајке своју одежду, изговорио сам сам себи, ни сам не знајући зашто, те наивне Видрићеве строфе за лепу шпанску жену:

И како се је задивио,
Одуљило му се лице;
Баш таквог га видјех сликана
У руци усидјелице.

Чак и Видрићев језик, нешто рапав и невешт за наше ухо, и који вређа све наше лепе навике, све то даје свежине и бизарности и личног тона његовој лирици. Као да има у свему неке блазираности и самовољне сујете, која тако личи овом песнику. Јер је Владимир Видрић један господин у нашој књижевности, а према таквом писцу потребна је пажња више него похвала. Такви писци траже од нас више куртоазије него славе.

ИВО ЋИПИКО

Његови су преци били латинска властела, и имали у Трогиру венецијански грб на својој палати, и своју лађу у славној бици на Леванту. А он је био шумар у једној земљи где нема шуме, и агроном у свом приморју где нема земље, и, најзад, српски писац у покрајини где је српску писменост представљао само Марко Цар, а сви писци рђаво знали српски језик. Каква горка судбина за једног човека добре крви!

Ћипико је био велики самотник, и зато – и на свој начин – помало манијак. Иако савршен западњак по форми своје мисли, мрзео је Запад, и никад није отишао да га види. Без афектације старих романтичара, он је волео Исток искрено, целом својом јужњачком маштом и заљубљеним срцем. Волео је Исток и његове људе здраве и лене, пуне притајене енергије, и кротке мудрости. У старијим годинама, жалио је што му није двадесета година да се потурчи, и да буде анадолски или сиријски војник, и чува стражу пустим путем којим иду каравани.

Ћипико уопште није волео полумере. Његов идеал је био: или аскет или развратник; или Фрања Асишки или султан! Волео је сензације ретке, просте, потпуне, изненадне; и због тога је већ за живота постојао у причама о њему. Мрзео је просечног паметног човека, и радије се дружио са будалама. Имао је мрачну мржњу за докторе књижевности и за стручна мишљења. У приватном животу, и сам је имао укус нешто распуштен, укус пропале далматинске аристократије, од које су се многи женили својим слушкињама и сеоским проституткама, из пресићености и из очајања.

Иво Ћипико је имао фине руке, и нарочито лепа уста; и имао је осмех који га је целог осветљавао као лампа. Његове свеже мале и зелене очи, као два млада лешника, лежале су мирно на свом месту, и кретале се само каквим нарочитим случајем, што је давало много збиље општем изразу његове физиономије. У том изразу, треба рећи, било је пуно и благости и прибраности, али и сладострасти и перверсије. У целини, Ћипико је личио на распопа и сврзимантију, који је имао свој крупни лични декамерон. Жену је волео као гусар који се је није никад довољно нагледао, и који је ту своју рану однео собом на онај свет. – Али што је код Ћипика било нарочито упадљиво, то је његова прикривена иронија, која је помало увек вирила кроз његову префињену учтивост, као нож из цвећа. Уосталом, иронија и јесте једино што остаје људима од њиховог пропалог господства. Иронија је прибежиште против просташтва и бедем против интимности насртљиваца. Ћипико је био велики сибарит и левента: зато су иронија према људима и страст према женама били једини мостови између њега и осталог света.

Кад су Хрвати поздравили Ћипикову прву књигу приповедака о нашим приморцима као дело даровитог хрватског писца и нове звезде, Ћипико је, индигниран, дао у *Бранковом колу* изјаву да су погрешили, јер да он није хрватска звезда него само српски писац.

Стварно, он је по оцу био из старинске патрицијске талијанске породице, али духовно везан за српску књигу и заљубљен у српску расу без ограничења. Он је дуго живео у Београду пре првог европског рата и пратио српску војску у изгнање, и сам изложен њеним мукама.

I

Три главна мотива Ћипикове приповетке, то су: море, жена и гладовање. Значи одиста три елементарна ужаса са којима се човек бори на свету. Свакако, бар с којим се бори човек у далматинском селу, које је он описивао, и где нема ничег другог осим оно троје.

Ћипико је иначе мало познавао остале приповедаче, изузевши Веселиновића. Можда је помало читао тадашње мајсторе талијанског веризма. А било му је педесет година кад се сетио да није ништа прочитао од Балзака. Веселиновић му је отворио врата према нашој књижевности, и чак био и први повод да и сам Ћипико почне писати приповетке. Али ово не стога што га је симпатични Мачванин био очарао, него што је, читајући његове приче, Ћипико осетио да би и сам умео писати као и он. Тако је Веселиновић био за Ћипика једна *falsa righa*.

Три поменута главна мотива Ћипикове приповетке тражили су ипак таленат једног Золе или једног Мопасана. А Ћипико је одиста и имао у себи пуно Золе, чак и са више уметности; а имао је пуно и Мопасана, иако са мање продорне и суптилне психологије. По свему, Ћипико је био типичан реалист. – Реализам, по мом мишљењу, то је пре свега описивање малих људи и малих догађаја, које писац слика без намере да ишта тумачи, ни закључује, ни заступа. Реалист не истиче никакво мишљење ни о људима, ни о граду, ни о народу, ни о раси. Може се зато написати реалистични роман и о највећим људима из историје, а то је ако се говори о најмањим случајевима њиховог живота. А може се написати о њима и натуралистички роман, а то је ако се говори само о њиховим најнижим страстима! – Реализам, дакле, то је умањити и људе и живот. Истина, живот се углавном и састоји од малих срећа и малих несрећа. Највише и има људи који нису никад доживели ни велику срећу ни велику несрећу: јер су велике среће и велике несреће ретке као и велики људи. Осредњост, то је, дакле, круг из којег реализам никад није изишао.

Затим, реализам снима али не ствара; и зато, чим један опис оде од стварног у хипотетично, онда је то крај реализма. Реализам је сликање свакидашњег и свачијег, полутанског и вулгарног. Реалист нема мишљења ни о чему; а реализам, то је само говор о инстинктима.

Ћипикови далматински сељаци, млади и пунокрвни, то су приморци исти онакви какви су можда и приморски свет у француској Бретањи и у шпанској Бискаји, или у америчкој Канади, или ма где другде: значи, људи у којима пре свега господари спол, темперамент, обесна воља за живот. То је вечни човек који живи у борби са морем, глађу и женом. Такве људе описује наш приповедач без анализирања, без улажења у психолошке збрке, најмање истражујући идеје, и најмање истављајући принципе. Ћипико је чак оличени пример таквог реалистичког писца. Нико није од мање сложених духова направио своје људство; ни од ситних догађаја направио човекову повест; ни од простијих апстракција направио једно дело истинске лепоте.

Ћипико у свакој причи и у сваком моменту има осећање непосредности и опоре суштине. Одиста, књижевност је једна ствар истине колико и наука. Ниједан приповедач није погрешио ако је ишао за природом, али је увек погрешио ако је ишта измишљао. Човек је лажан само када мисли; а радећи без размишљања, човек може бити и зао, али никад лажан. Тако је и са писцем. – Увек је зато лако познати писца који ради из главе, и познати сликара који слика шуму седећи у свом врту међу саксијама са цвећем. Овакви су мајстори унапред пропали. Највиши приповедачи су, напротив, сликали само са живога. За Флобера се доскора веровало да је најпотпунији израз „имперсоналности", али се у задње време утврдило и за њега не само да није сликао свет који је стварно постојао, него чак описивао само догађаје које је и лично доживео, у друштву самих личности из својих романа. Татјана Толстој, кћи писца *Ане Карењине*, говорила ми је у Риму да је и њен отац радећи своје романе имао увек очи на живим људима. Француски романсијер Франсоа Моријак говорио ми је, напротив, да су лица из његових романа сва одреда измишљена и само производи његове маште, а што се, уосталом, одиста, у многом и опажа. Његова чувена Тереза Декеру, из романа који носи њено име, а који он сматра својим најбољим делом, показује једну интересантну и чудну фикцију, али не и једно људско биће блиско целом свету или блиско бар некоме. Зола и Уисманс су месецима проводили по рудницима и по манастирима за своју документацију. Можда је Мопасан био од ретких писаца који је сликао животе људи које је познавао, а никада не мешајући у приче и своје сопствене догађаје. Он је говорио да пишчев живот припада писцу а не читаоцу. Али је у овом погледу Мопасан скоро усамљен.

Свакако, овакав метод сликања са живог осети се одмах и на први поглед у роману или у причи, јер је све хуманизирано, и људи и средина. Приповедач слободно може измишљати догађаје и заплете, али не сме слободно измишљати и лица. Лаж је одвратна када се каже, али је још одвратнија кад се напише.

II

Нема великих љубавних интрига у прози Ива Ћипика. И он је патио од оног од чега су одувек патили наши приповедачи: од немања инвенције. Уосталом, љубави иду у Ћипиковим причама без лукавства, без симулације, без препоне, без савлађивања, и без искушења. Овде је обично предмет приче описивање љубави младог и сполно снажног света, коме је најмањи повод довољан да страст букне, и најмањи каприс да се та страст задовољи. Острво далматинско је пусто и све увале и брешчићи створени само за грех. Овај недостатак интриге чини причу једноликом, и на изглед чак помало празном. Жена је изолована од сваког а човек ослобођен од свачег. Нема овде ни друштва са његовим законима, ни довољно религије са њеним страшним судом. Људи овде не робују ником него божјем сунцу и својој лудој крви. Ван тога имају још само жандари и тамнице, солдачија и гладовање. Цео живот срца у Ћипиковим причама, то је стварно једно праисконско љубавно лудило сведено на најмању меру душевног и духовног.

Постоји велика разлика између Ива Ћипика и Боре Станковића. Наиме, Станковићево Врање је пуно патријархалних конвенција старог српског маловарошког друштва, које се развијало можда више него и кроз једно цело столеће; а у Ћипиковим приморским селима је љубав проста и слободна као море и ветар који ништа не остављају непомичним и немим. У Врању се најмањи поклич чује с једног краја града на други, а у овом Ћипиковом пределу морнара све пролази као тренутно и неузакоњено, све у служби мора и сунца. Ћипико је зато у великом броју прича и безбожник и безаконик.

Упоредите зато Станковићеву лепу приповетку „У ноћи“ са Ћипиковом добро израђеном приповетком „Прељуб“. И у једној и у другој причи има по једна млада жена која, и поред живог мужа, воли другог човека. Чудним случајем, обадве се зову Цвете. Између Врањанке и Далматинке има, у погледу њиних љубави, толико велика разлика као да су те две жене са два разна краја света. Врањанка је сва чедна и побожна, а Далматинка сва распусна и безбожна. Једно је Словенка, а друго Латинка; једна је Исток, а друга Запад. Прва плаче, и вапије, и крсти се од прве језиве помисли на грех; а друга се подаје и без љубави и без сна; даје се из разврата колико и из страсти; и можда због луде главе више него и од луде крви. Љубавник, приморац Павле Орлић у горњој Ћипиковој причи, јесте опет једна сељачина без сваког образа, који дозвољава да га ухвате у преступу са туђом женом, и да га муж веже за вратнице своје куће, и тако га извргне бруци пред целим селом. Одводи га пред суд, да га суд најзад баци у тамницу на више недеља. Међутим, љубавник Павле не осећа ни да је поступком мужа био нарочито унижен, ни пресудом суда био пуно повређен. А што је најлепше, Орлић се на дан ослобођења из тамнице опет случајно срета у крчми са Цветом и са њеним мужем. Чак се љубавник и муж измире и запију.

На овом месту је нарочито занимљива прича „Прељуб“. Љубавник, пуштен из затвора, чашћавајући дебелим вином Цветиног мужа, који је иначе бадаваџија и испичутура, поведе најзад обоје собом натраг у село. Пут изгледа доста далек. Муж има муке путем да одбрани Цвету од накресаног Орлића како поново не би починио старо недело. Цвета, налазећи се између ова два човека, вечна жена у свом троуглу, показује сву пасивност која у оваквим моментима представља женино нормално морално стање. И код Орлића, и код мужа, и код ње, уосталом, потпуна морална атрофија, слепило страсти примитивних људи. Али и непобитна истина о сељаковим наравима. Сељаку увек узимају памет новац, вино и жена; и он је увек на два прста далеко од злочина ако су посреди ова три искушења.

Бора Станковић би био у оваквом троуглу остао сав утанчан и душеван, и сав у страху за породичну јерархију и друштвени ред. Али за Станковићеву грешну Цвету може се рећи да је свет мање познаје него овакву Ћипикову преступницу. Ова приморска Цвета је ближа природи, јер иде више за својим инстинктима него за божјим законима и за људским принципима. Са погледом на наше етничке типове, једна би била источњачка жена са једног појаса, а друга јужњачка жена са другог појаса. Обе су психолошки подједнако истините, али су међу собом туђинке. Прва је изванредно компликована и снажна, а друга проста и слаба. Ћипико ову прву жену из Станковићеве приче није ни разумевао ни волео; јер он истински није веровао ни у шта спиритуално, нити икад разумевао сентименталне компликације. Он је у многом личио на Мопасана.

БОРИСАВ СТАНКОВИЋ

I

Књижевно дело Борисава Станковића, то је једна велика трубадурска књига. То је пре свега дело једног истинског песника љубави и витеза срца. Нико се у његовим причама о старом Врању не поводи ни за чим другим него за лудилом срца и обешћу крви. Његове су приче само баладе о чежњи за женом, чежњи од које пропаде свет, и за коју нема лека. Све што постоји на земљи стоји у служби љубави човека за жену, и то само младог човека за младу жену; а за њих двоје заљубљених служи оно што је у природи и лепо и страшно, и оно што је у самом човеку и добро и зло. Тако су човек и жена, према Станковићу, и данас, као сутрадан после хаоса, једини становници у врту божјем, са њиховом праисконском љубави, и са праисконским искушењем.

Зато прави и једини живот за овог писца, то је само младост и вечно обнављање љубави и за љубав. А пошто је тако љубав повод и разлог свега опстанка, човек и жена су и једини проблеми свемира: и то кроз љубав, која је једина њихова судбина и мисија. — Додајмо одмах да је та љубав у Станковићевом делу много издвојена из свих других закона природе, и да се овде налази потпуно у својој бруталној чистоти и непрерађиваној свежини: у страсти физичкој. Значи у оном у чему је она одиста и најискреније и најнепосредније изражена у човеку. Према томе, живот за Борисава Станковића постоји само док постоји љубав, а љубав постоји док постоји младост и страст. С оне стране младости, нема више ничег. Ова младићка Станковићева идеја о животу даје његовом делу одиста једну блажену усхићеност и жестину, али и уверење. Тако да његове књиге изгледају дубље него многе друге написане о најдубљим људским истинама.

Овакав евангелист љубави за жену, Бора Станковић је успео да већ првим својим причама омађија своју генерацију, и да затим то исто осећање пренесе и на оне који су дошли и пуно после ње. И био је увек ненадмашен, и истински обожаван. – Станковић је задивио наше људе као први који је у нашој прози проговорио срцем и о срцу. У нашу дотле тако студену причу он је унео ватре и крви, младости и илузије, дубоке туге, и нерасудног очајања. Он је први показао у нашој историји о малом човеку колика је могућност наше расе за љубав и за нереде срца, за душевне компликоване случајеве, за љубавну контемплацију, за зликовачке навале заљубљене крви. Тако је он несумњиво, и до данас, највећи представник наше расне еротикс. Све што су дотле били дали наш роман и прича изгледало је, после Станковића, замрзло и лажно. И оно што у њима није било књишко и папирнато, било је из главе и магловито; али, свакако, никад из срца, а још мање из крви.

Треба истаћи да је Борисав Станковић дошао у српску књижевност из једног краја наше земље где се највећма рачва пут између нашег блиског Истока и пут нашег балканског Запада. Баш ту, код његовог

Врања, заправо и замире талас нашег епског ствара-
лаштва, и зачиње се искључиво талас лирски. Тај је
талас разливен затим и по једној широкој области
старе Маћедоније, као и у Босни, у осећање дубоких
чежњи, које су турском речју прозвали „севдахом", и
у осећање оне животне тегобе које се зове „дертом".
Значи двама осећањима која за остале крајеве херој-
ске рапсодије остају непозната, и која изгледају недо-
вољно српска, чак и недовољно словенска.

Странац би се, идући тим путем, могао преварити
о правој психи српског племена, о емоционалности
нашег човека, а нарочито о односима тога човека
према његовој жени. Софка није ни Србијанка, ни
Српкиња, ни уопште словенска жена. Ово је жена из
јужносрбијанске севдалинке, и уопште тип јужноср-
бијански и маћедонски; значи чисто покрајински.
Значи, пре свега, тип са једне ветрометине, пуно из-
ложене, и нарочито врло сложене.

Осим тога, треба Станковићево дело узети често
и као личне доживљаје пишчеве, као аутобиографију
у приповедачком облику, и као сопствени роман.
Овај роман је пун химеричких срећа и несрећа једног
самотника, затвореног у своју илузију о жени, и зако-
ваног за своју љубавну утопију. Ово не значи да Стан-
ковић није дао један потпуно истинити део живота,
чак и живота једног изразито српског краја, као што
је Врање, стари немањићки град ћесара Угљеше. –
Истина, живот једног краја са крајње границе на ис-
току Србије, а не из њеног срца и сржи; где можда
има мање наслаге и талога, али више расне чистине и
етичке чистоте. У другим нашим покрајинама живи
свет, чини ми се, са осећањима нешто површнијим у
погледу љубави и страсти за жену, али се ово надок-

нађује нечим много сложенијим и мушкијим, дубљим, а можда чак и загонетнијим.

У својим маштањима и визијама, трзајима и грозницама, од којих ништа није у самом његовом личном животу ни остварено ни задовољено, приповедач Станковић је повисио тон, и уопштио своја запажања, и најзад, компликовао душевне навике својих људи према особинама својим сопственим, које су иначе биле врло изразите. – Треба имати на уму да је овај фантастични сентименталац одиста живео и умро незасићен и очајан, са великом раном на срцу, и са уображеним греховима на души. Убијен, као какав љубавник, ухваћен у прељуби!... Ја сам добро познавао Борисава Станковића. Дубоко моралан лично и крајње уздржљив, Станковић, мој пријатељ, говорио ми је некад и у обичним младићким разговорима тако језиво и уплашено о жени као што се говори само о земљотресима и о поморима.

Због овог сам се већ онда питао, постоји ли одиста какав град Врање, онакав каквог га је он описивао, или је то нека измишљена тврђава у којој живи само њен песник са својим утварама... И питах се, да ли и уопште могу живети људи нашег каквог мирног и успаваног провинцијског места једним таквим узруjаним животом какав слика Станковић у своме Врању, и то као свакидашњи? Једно је известно, да је у таквој врелој атмосфери постојано живео сам Борисав Станковић, песник тога предела, и тога људства, и тога времена... Песник свога града, живећи лично животом оних Врањанаца које је описивао, носио је дакле најбитније и најречитије што је у томе људству одиста и живело. Песници никад не лажу! На овакав начин је и сам Станковић иставио баш себе лично као главни и најсигурнији докуменат своје истине. Ово је био свакако један изванредно леп књижевни случај, можда и најређи у једној књижевности.

Међутим, живела је одиста његова Циганка Коштана; живео је и њен Митко; а живела су и још нека његова лица из ових прича. Толико је чак све истинито, и према животу сликано у његовим приповеткама, да су неки примери врло упадљиви. Тако је Циганка Коштана једног дана тужила суду Борисава Станковића што је изнео на позорницу њу и њене љубави. Овај случај би био доказ како се одиста велике ствари у књижевности никад не дају измислити.

II

Станковић је по свом духу пре свега источњак, каквог дотад никад нисмо имали. Сликајући наш примитивни православни свет, и сад пун невероватних и дубоко дирљивих илузија о чистоти и чедности, и о породичној јерархији нашег старинског реда, Станковић је унео у српску књижевност један живот скоро прохујали, насликан скоро у његовој потпуности. Унео је први у нашу књижевност стару нашу породицу и огњиште, наш иконостас и домаће кандило, и нашу дуњу у сандуку. Та интимна атмосфера, пуна свакидашњих мирних и дубоких криза драматичне судбине балканских малих људи, који се тешко разазнају свугде осим у својој средини, зачудили су и занели већ споиетка цео наш читалачки свет, својом простотом и строгошћу, бизарношћу и дубином, бруталношћу и слабошћу. Врање, мала, некад погранична србијанска варош, била је до Станковићевог времена једва позната и по свом имену, а савршно непозната по свом људству. Откривши Врање, Станковић је одиста открио један наш потпуно нови морални континент.

Међутим, има у његовим причама и преступничких типова као у руским романима, дегенерисаних људи и жена, затрованих манијака, клиничких лудака, каквих иначе скоро и нема у народу. Али је то нешто спореднине, свакако и мање значајно. Такву средину неуравнотежених и апсурдних лица изабрао је Станковић да у њу посеје све своје парадоксе о љубави, који су га затим направили изузетним међу свима нашим приповедачима. У Станковића је љубав и једини извор преступа и злочина, што је опет скоро невероватан случај када је реч о нашем свету, за кога је љубав углавном једно породично осећање, без склоности за маштање и за компликације.

Истина, љубав врањанских љубавника обично је једно наслеђе здравог инстинкта, душевне српске лепоте и нежности, импулс чувеног српског здравља, моћна експанзија једног примитивног, необузданог, али и непоквареног темперамента. – У највише случајева, и у Станковићевој причи стоји посреди једна здрава етничка истина: ничег овде болесног, ни снобовског, ни извештаченог. Ово су људи из краја наше најстрасније музичке мелодије, наших најмање говорљивих људи, наших жена најзатворенијих у себе, и најзад, из области најстрожијих одлика дубоког паланачког породичног морала. Сукоби и противуречности међу Станковићевим лицима баш и долазе од непомирљивости здравог човека, којег држе окованог у његовом железном етичком кругу, где је мало друштво наметнуло човеку извесне навике, тешке као робија; и успоставило један поредак, хладан као тамница.

Врање дугује своју славу приповедачу Станковићу, као што Перуђа дугује своју славу сликару Перуђину, или провансалски Тараскон што дугује своје шаљиво али чувено име романсијеру Додеу. Врање спада у оне градове, благословене Богом, који су свом народу родили песника. Тако су и Шабац, са Лазом Лазаревићем, на једној периферији Србије, а Врање са Борисавом Станковићем, на другој периферији Србије, дали одиста најбољу српску приповетку до тог времена. – Вероватно да ће сама Шумадија, под којим се именом разумева средишна Србија, још једина дуго остати без јаког моралног историчара, какви су у својим крајевима били Лазаревић и Станковић. – Шумадија изгледа, иако централни део земље, ипак створена за извесна друга преимућства. Ту ће се вероватно рађати, као и до сада, велике војсковође и научници, државници и организатори; али ће канда чисту уметност и даље углавном давати наша периферија: област маћедонске мелодије, босанске романсе, и херцеговачке рапсодије. Тврдом и одвећ мужевном и концентричном карактеру Шумадинца, може чак ова лирична нежност многих лица из Станковићеве приче изгледати више мекушност и слаботиња него нежност и душевност.

У Шумадији се уопште онако не љуби, нити се онаквим језиком о стварима срца игде говори. Човек силне природе, као Шумадинац, није у стању ни да се уживи у такве танчине, и дубоке спиритуалне игре, какве се виде у Станковићевих страдалника. Шумадинац, то је хајдук и војник; човек из вечних устанака и са вечитих ратишта, мало контемплативан; који увек разбија своје обруче, и раскива своје букагије. Приповедач Драгиша Васић дао је у својој лепој причи „Ресимић добошар" можда једину причу какву би заиста дао један истински приповедач шумадијске моралне сфере. – Најзад, Станковићеви су људи маловарошани, а не сељаци, бар углавном; а Шумадинац, типични сељак, не би такав свет могао ни разумети, ни заволети. Ово су потпуно два разна морална типа, и две разне историјске средине.

Веома је важно знати ово: код нас постоје одиста разне географске зоне и различне моралне средине, међу којима често скоро и нема никаквог међусобног афинитета. Тако је Призрен духовно ближи Сарајеву него што је истом Сарајеву духовно слично Цетиње, или Требиње, макар му ови градови и географски били тако близу... Врању је по менталитету ближи Мостар и Бања Лука него суседни Лесковац. Овде су посреди два нарочита и различна појаса српске земље, од којих је један од тих појасева под искључивим источњачким утицајем, и то турским, као Сарајево и Призрен; а други је под јужњачким утицајем, и то приморским, као Цетиње и Требиње. – Чак између два херцеговачка места, Мостара и Требиња, постоји у том погледу једна невероватна разлика: Мостар је источњачки град колико и Једрене; а Требиње је јужњачки град колико и Котор или Дубровник. Близина Јадрана, и навике које владају у Средоземљу, изједначиле су по многоме Требиње и Котор. Историјски живот под турском влашћу унео је у мирне махале Мостара муслиманске источњачке навике, скоро немешане и искључиве; и стране, и непогодне нашем духу, толико да су чак донекле и деформисале извесне битне црте онамошњег човека.

Према овоме, ја делим наше приповедаче само на две категорије: приповедаче источњаке, по свом колориту људства, и јужњаке, скоро по свима духовним навикама и личним нарвима својих лица. – Постоје за ово очевидни разлози. Мостар и Сарајево и Врање и Призрен и Битољ, то су градови окренути Цариграду, откуда су долазили некад трговачки каравани, и куда су ишли наши људи за послом или за науком; али од Херцег-Новога на Требиње, и на Пријепоље, до Ужица, иде пут којим тече једна духовна струја Средоземног мора: струја друкчијих навика, моралних склоности, идеја о животу, мешања међу људима. Босански приповедач Иво Андрић исто је тако историчар једног источњачког појаса као што је то био и Бора Станковић, поред свега што су ова два писца рођена на сасвим двема противним тачкама наше земље. Обојица су источњаци по срединама које сликају.

Као морални хроничар једног посебног географског појаса, Борисав Станковић унео је и многе нарочите облике онамошњег друштва, и „севдаха“, и „дерта“. Ово источњаштво је доста страно епској и гусларској сфери оног другог појаса српске земље, као да су то два разна света, макар и били близу једно другом. Има онде одиста грчког и турског већма него српског; а понекад муслиманског колико и православног. „Дерт“ уопште није српско осећање. Марко Краљевић пијанчи, али не дертује. Свугде у Станковића и Андрића има нешто налик на источњачки дерт. Енглески „сплин“, или француски „мал де вивр“, или немачки „велтшмерц“, друго су него Станковићев „дерт“, од којег попадаше толики људи по Врању. Оно су више ствари духа и блазираности него срца и животне експанзије. Али морамо признати да

је ово осећање Станковићевог дерта страно и непојм-
љиво и у многим врло расним другим српским обла-
стима. Овакво осећање у Станковићевој причи
очарало је и тај друкчи свет читајући Бору Станко-
вића, не што је оно довољно разумљиво, него што је
било ново и невероватно.

Можда ће се временом изгубити са блеђењем ис-
точњачког утицаја пуно оваквих особина и у нашим
навикама, нашем моралу, мелодији, ношњи, архитек-
тури. За коју десетину година, и људи и жене наших
приповедача Станковића и Андрића биће нашем све-
ту помало потпуно неразговетни и можда сасвим не-
вероватни, и то чак по најинтересантнијим њиховим
духовним случајевима. Доцније ће изгледати и више
из маште него из живота. Дух шумадијски и црногор-
ски, дух херцеговачког рапсодског подручја, и далма-
тинске баркароле, однеће можда превагу. Јер ће се
тај дух изразити нечим битнијим и расно чистијим,
без пуно фолклора и локалне боје, који нису увек ни
народни; и без оних типичних одлика једног изузет-
ног појаса који је само у једном раздобљу историје
био одвећ изложен Истоку.

Истина, баш на тој источњачкој линији о којој је
овде реч случајно се развило баш наше најстарије
грађанство, и наше најстарије православно друштво.
Наши први грађански центри били су Сарајево и Мо-
стар и Скопље и Призрен, а можда и Врање, пре него
Крагујевац и Ваљево. Чак и пре самог Београда, који
је најпре имао колорит турски, да се затим збрка у је-
врејству, и нарочито у цинцарству, не успевајући ни-
када да буде довољно народним, српским градом. Ср-
бијански су градови уопште до данас углавном
сељачка насеља, са грађанством потпуно сељачког

менталитета; док су босански и јужносрбијански градови одавно имали многобројне породице свога чисто грађанског типа. Тако су и Станковићеви грађани бар чаршилије, ако не потпуно грађани; али су Лазаревићеви и Веселиновићеви људи увек сељаци, макар и једни и други били људи једног истог народа и истог историјског времена.

Треба жалити нарочито један случај: што, и поред постојања таквог чаршилије и таквог сељака, није се још нашао приповедач који би био у стању да дадне слику оног трећег и чудног човека који је, већ у првом колену, од сељака постао грађанином и чаршилијом. Ово би значило описати ону тегобну кризу и драматичну транзицију човека који из опанка ускаче у ципелу; и који од човека из планине постаје човеком са улице; и који са села и прела долази да у престоничкој скупштини говори о држави и демократији. – Наш приповедач обично прича само о паланчанину, а други приповедач само о сељаку, не успевши, ни један ни други, да уоче обадва случаја у истом лицу и у истом историјском времену, и у њиховој толико крупној противуречности. – Ово је одиста штета. Иначе књижевна драматичност наше приче могла је само добити оваквим рачвањем духовних и душевних контраста. То се нарочито видело код Балзака.

Има у првим причама Боре Станковића пуно из босанске романце, страсне али у основи чисте, где наш непорочни и честити заљубљени човек тражи од девојке „пошаљи ми душе у памуку“. Босанска севдалинка и Станковићева прича изгледају као две гране у крв расцветалог стабла оне идиличне младости нашег дојучерашњег маловарошког света. Ово најбоље доказује тачност горњег мишљења колико се психолошки наша земља налази у разним психичким сферама и моралним појасевима. Севдалинка је ипак остала разумљивом само на оном тлу на коме је поникла, што значи да је страна чак и за саму нашу Војводину, а зато ни човек са извора Саве никад неће моћи запевати са осећањем одиста родбинским једну севдалинку са Неретве и Босне, ни схватити болове Станковићевих заљубљених страдалница. Ово су за њега антиподи по психи, по језику, по обичајима, и по личним навикама, као што су и за наш свет из источних крајева страни музика и говор Словена западњака. Ови различни расни појасеви чине можда нашу српску психу само сложенијом и компликованијом; ми стојимо одиста на раскршћу наших двају светова и двеју цивилизација, источне и западне.

III

Станковић није ни цело своје Врање дао са свима онамошњим странама живота, ни са целим бројем типова његове улице. У његовој причи сликана је само једна забачена махала са животом простих људи и убогих занатлија, и то са њиховим животом већином љубавним, скоро искључиво љубавним. Нема у тим причама ни врањанског професора, ни учитеља, ни попа, ни бирократе; јер иначе не би то више били Врањанци, него дошљаци и странци, и скоро туђинци за овај источњачки град. Такве типове, придошлице и уљезе, нити пуно воли онамошњи патријархални свет, нити њих пуно осећа наш врањански приповедач.

Ове придошлице су донеле нешто ново од Европе у овај некадашњи турски пашалук, али су и разорили пуно доброг и лепог у овом старом и повученом кади-луку. Ако је Врање одавно и престало бити турским, ипак је и даље остало на вратима Истока; а такви странци, који проживе покоју годину чиновничког живота у Врању, и не узимају уопште интимног учешћа у духовном животу те мирне паланке, нити разумевају унутрашње драме Станковићевих чудних севдалија и дертлија. Нигде их Станковић и не поми-ње у својим причама. Он пише о свом Ити месару, Томчи патролџији, Мити терзији, и сличним људима. Затим говори о берачима и берачицама, а у црквене дане и о просјацима и о просјакињама. – Рекли бисте да у том граду нема ни поште, ни начелства, ни кафа-не, ни телеграфа, чак ни друма који га везује за ма ка-кав други град и друкчији свет. Тако је почетак Стан-ковићеве приче „Стари дани“, са мостом на којем још стоји турски натпис, пун апатичне тишине и поезије заборава, да се једва назире нека гомила људи пред општинском кућом. Ма какви знаци јавног колектив-ног живота вређали би овде наша чула овако изгу-бљена у маловарошкој источњачкој резигнацији и усамљености. Често Станковић слика своје Врање у месечини дугој и топлој, што је поплавила винограде по брду, и кућице по уским улицама; и коју поноћни ветрић носи успаваном паланком као прашину. Ова-кви описи су неизмерно лепи у овим причама. Стан-ковићеве месечине не може човек заборавити као ни Лотијева сунца, ни Тургењевљеве магле.

Али је и Станковићев човек редак и компликован у једној посебној расној црти, тако да одиста не личи ни-једном другом човеку наше земље. То је најпре по ње-говој духовној узрујаности, по еротичности, и напону његових варварских страсти, у борби са православним моралом. Због тога случаја, његов град Врање изгледа понекад, по том изванредном духовном стању његовог људства, као неко острво, које нема ничег другог ни пред собом ни за собом, него које стоји одвојено од осталог света, затворено и неприступачно.

У овом Станковићевом Врању изгледало би да се никад не спава него да се љуби и плаче дан и ноћ, као некад у трубадурској Прованси. Кад падне ноћни мир, то је само за тренутак, јер брзо однекуд удари турско дахире, или зајеца циганско ћемане, „што се чује чак у Турско". Најзад, насред улице изненада груну зурле и добоши, и заиграју чочеци... Музика и играчице Циганке прате неког ноћника, распикућу, бекрију; али човека који се проневаљалио не зато што му гори грло, него што је севдалија којег убија љубав, и коме месечина крв испи.

Овај прости свет калајџија и златара, и месара и виноградара, пун је обесне младости и чежње, ватре и туге као да је сваком двадесета година. Мала Нушка којој миришу недра, и којој седамнест година кључају у крви, сва изгоре, маштајући о човеку. И Ленка која у људе гледа „замагљеним и полуотвореним очима", али за којом и људи изгибоше по виноградима, „где мирише ваздух на испуцало грожђе". Томча се запио у свом „дерту", туче распеване Цигане што га избезумише врањанским напевима о проклетој љубави. Свугде и чемерна „жал за младост", чак и код младих који не знају што је беда старости.

Станковић је први унео у нашу књижевност тај „жал за младост", једно ново осећање за његове савременике у књижевности. А што је најчудније, Станковић је тај „жал" не само описао први, него га и сам лично први одболовао, што се види из његових првих приповедака, кад му још није било ни пуних тридесет година. Стварно, „жал за младост" и не описује Станковић друкчије него као страх младог света да не пропадне младост, а не „жал" старих што је младост одиста прошла!

Ову непроменљиву драму прве младости нико у нас није исликао као Станковић. Ни са више ватре, ни са више смисла, ни са више памети. Не знам ништа слично ни у страној књижевности. Једна од првих његових прича „У ноћи" даје већ целу меру уметничког инстинкта овог чудног писца. Можда нема ничег ни необичног ни нарочито дубоког у овој новели о жени која је несрећна зато што је заљубљена. Љубави су увек налик једне на друге, и кад су људи и средина међу собом различни, или најразличнији. Чак и основни мотив ове врањске љубавне приче је због тога стар колико је стара и човекова љубав. Али оквир у који је Станковић ставио овај догађај, и нарочито етичка драма ове приче, то је нешто до крајње мере и уметничко, и потресно и, на изглед, сасвим ново.

Ево садржине ове приче. Ноћни прозирни пејзаж врањанског пролећа, на једној њиви где људи натапају бразде у којима расте дуван. Слабо жућкасто светлуцање мутних фењерчића, свуда по њиви. Светлуца понегде и вода, која промиче кроз бразде. Људи погнути на послу, промукли гласови, несаница и замор; метални звуци мотике; и „тамноруйно небо, на ком треба да изиђе месец"... Ето то је трагични круг, у којем се те ноћи јавила у срцу Цвете љубав за неким Врањанцем, полусељаком, који је певао негде у тој страшној дубокој ноћи, и чији је глас она препознала. Тај глас и песма из ноћи учинили су да први пут удари као железо у њену главу грешна помисао; и да она први пут помути мозак и отрује крв поштене жене, која себе дотле није физички ни познавала. На тај глас у ноћи, Цвета загрца у сузама и молитвама, престрављено и блесасто: „Боже мој, Господе!.. Господе, Боже, света Богородице... Господе, Господе!.. Боже, шта је ово!", шапће она тресући се од страха ошинута бичем своје младе крви, окрећући главу од људи, кријући поглед од светлости. „Умудри ме, слатки Господе! Ох, грешна и црна ја!.. "

Као све остале Цвете, Ленке, Пасе, Анице и Марике, видећете и све друге Врањанке овако у Станковићевим причама увек престрављене од саме себе и своје љубави за мушкарца. Ужаснуте, застиђене, пометене и изгубљене, ове младе жене су као усијаним ножевима дирнуте кад их подиђе млаз врањанске крви у таквој изненадној пожуди за младим човеком. За њих то изгледа грех и напаст, прави смак света. Такво осећање чедности и чистоте није описао ниједан други писац на свету, са више реализма ни убедљивости. Тако је једне ноћи на њиви, где залевају млад дуван, ова Цвета била престрављена свим бесом нагона једне просте, и здраве, и побожне жене тог православног предела, и тог патријархалног српског људства. Изгледала је себи као да је вером променула, и цркву издала, што је физички зажелела човека.

Њен је муж узима премрлу од страха и изнемоглу од страсти као болесно дете у наручје, без икакве зле помисли о својој жени; јер је овде свет чист, и не зна ни да сумња. Поверовао је и да се Цвета превија у болу зато што је затруднела, и што ће га ускоро обрадовати као оца. Зато се уплашио да му жена не озебе у ноћи и на мокрој њиви. Однео је негде даље, и положио украј ливаде, и покрио гуњем да је загреје.

Поче да јој говори нежне и тихе речи, како би је охрабрио и успавао, не слутећи ни до краја зашто Цвета полусвесно и постојано јеца: „Мајко Богородице, смилуј се... Богородице Мајко... Тешко мени... Шта је ово... "

Што је нарочито ненадмашно, то је овај тамни пејзаж, дубине неба и ноћи, утапање свега што се види и наслућује у неку тугу младости, која ово врањанско поље овако претвара у највећу позорницу људског бола. И то само због једног женског љубавног дрхтаја, који више људи уопште и не виде у оваквој трагичности моралној и судбинској. Не постоји овде подвојеност између пејзажа и душе, материјалног и нематеријалног, невидљивог и видљивог. Све је у овој причи ноћ, и љубав, и страст, и тајна. А, међутим, све то природно, и без усиљености, уноси Бора Станковић у општи људски удес, ни кад није посреди него оваква душица једне мале Цвете, у непознатом и периферичном Врању, о ком нико и не зна ништа... Један пејзаж, једна песма, или један извесни сат дана, одиста су и у стању да понекад направе човека добрим или рђавим. Често и колико га направе разум, и атавизам, или људска идеја о злу и добру, јер је човек сваког сата друкчији... Нико ово није у нас осетио као Станковић. Ова неодољива врањанска ноћ је тако направила и ову Цвету преступницом; и то већма сама ова тамна ноћ него и онај човек што је запевао негде у помрчини. Човек је друкчи и у свакој другој светлости... Овакве ноћи су странпутице љубави, беспућа страсти, понори, и вратоломије. Све Цвете на овом свету, попадале су у оваквим језивим вечерима.

У таквом уверењу и Станковић је написао ову причу „У ноћи“, по којој је он, већ на почетку своје песничке каријере, изгледао потпуно нов човек, странац у невештој дотадашњој нашој новели, и освојио првим потезом пера све што је у нас умело да осећа и чита. Бацио је иза себе и Глишића, и Веселиновића, и Сремца, чак и Матавуља. А Бора Станковић је канда био још студентом.

Ако наш свет воли у Борисаву Станковићу писца који описује похоте балканског бруталног и свежег људског типа, као у *Нечистој крви*, онда греши; јер не види да је Станковић, напротив, најјачи баш у опису фине чежње и неопредељеног и мутног маштања у љубави. Значи једног случаја душевног више него и телесног. Да је она Цвета била само млада жена брзо и лако сполно узбудљива, извесно њена историја не би била ни дуга ни трагична; али је Цвета ванредно болећива душевно, и морално дубоко осетљива, и због тога њена љубав више није овде само један природни закон, него један морални злочин... А природни закони и морални закони немају међусобно ничег заједничког, него су, напротив, у вечном међусобном сукобу, у чему и лежи сва трагичност човечја.

Бора Станковић је ово добро знао и без пуно књишког мудровања. Мала његова Цвета је пала овде покошена и без размишљања, зато што је пожелила, и поред свог живог венчаног мужа, неког другог и туђег човека. И за самог Станковића, и за његово Врање, ово је била читава морална катастрофа! Ни у једног нашег писца није до сада проблем физичке страсти овако био увек и један проблем савести. И док би сваки други писац на овако клизавом тлу отишао у мозгање, Станковић је напротив успео сваки пут да чедност представи исто онако урођеним нагоном као и пожуду. Чини ми се да је ово једна велика одлика његове чисте и силне идеје о животу.

Треба знати и да, поред све овако на изглед крвожедне физичке љубавне страсти, Станковићев је свет ипак остао чедним романтиком и мистичним сентименталцем. Уосталом, љубави и јесу одиста увек чисте и чедне кад год долазе и из срца, и из крви; а оне су нечисте и перверсне само кад долазе из духа и из маште, који све компликују, и све изопаче. – Станковић је написао роман *Нечисту крв* тек кад је после првих приповедака намерно хтео да помало скрене са свог сталног описивања чистоте и чедности, што смо му онда и ми други приписивали у погрешку његовог талента, али је он после тога са споменутим романом отишао у другу крајност, и у драстичност. Његова *Нечиста крв* нас зато представља странцима не много ласкаво у погледу наших моралних одлика и моралне хармоније.

Међутим, љубав какву је он једино умео да замисли била је до краја наивна и плашљива, детињаста и безазлена, у целој својој основи. И о самој похоти он је увек говорио чедним језиком... Ово је одиста јака одлика Борисава Станковића као моралног историчара једне наше нарочите моралне области. Стварно, за њега је „сентимент" био једина атмосфера у којој је дисао, а „страст" је била за њега само један књижевни мотив.

IV

Има иначе у Станковићевим лицима нешто што збуњује, и што сузбија сваки залет и самовољу човекову; и што је јаче него и страст за жену. То је конвенционални морал нашег малог града са тог појаса, и из тог доба. Станковић и не зна за други морал него морал конвенционални. Народни обичаји и породични прописи, то су у његовом граду закони који су сваког заробили и оковали. Станковићево дело је одиста један дубоки докуменат овог историјског случаја. У животу његових паланчана, ови друштвени обзири су скоро верске идеје о односу човека са човеком. Врањанац је у овим причама описиван као частан и чедан, али не само зато што је религиозан, него што је и пре свега исправни члан породице, и беспрекорни човек старог православног друштва. Љубавна страст и осећање части у том друштву иду заједно! Најмања љага у једној породици памти се у граду кроз генерације; и она не погађа само преступника, него и његове претке и потомке; а чак и саму његову варош. У таквој средини је живот био природно подјармљен и окован, и човек је био робом хиљаду обзира, који су, сви уједно, ишли насупрот његовој здравој крви и природним инстинктима. Пример је Станковићева прича „Покојникова жена“, иначе несумњиво најлепша новела наше књижевности до овог времена, и по свом предмету, и по својој обради.

„Покојникова жена“ је прича о једној врањанској удовици, младој и честитој, која годинама оплакује свога мужа, а којег, међутим, никад није волела. Она стално иде на његов гроб да онамо лије сузе, како је то у Врању обичај; иређа по његовом гробу јела која је покојник за живота најрадије јео; и која остаје преко дана, уплакана, поред његове хумке, по којој је свога покојника сада већ боље памтила него и по његовом лицу. – Обичај у Врању се не сме преступити, пошто се по улицама и у махалама увек зна ко одговара, а ко не одговора породичним законима. Варошки обичај, то је нешто много више него и сам живот каквог овако јадног и малог човечијег створења. Покојник има и даље право над својом женом; тако смрт изгледа међу њима важнија него што је био и њихов заједнички живот. Сав доцнији век ове жене, и њена друга удаја, и нови муж, и нова деца, ништа се ипак више не одваја од првог сопственика једне обудовеле жене. – Макар колико ово изгледало претерано, ипак није нетачно; али је зато у основи дубоко драматично, и до крајње мере апсурдно.

Сукоб човековог инстинкта са правилима његовог малог друштва, које описује Борисав Станковић, дубоко је тежак и горак. Ма колико његов свет био пунокрван и силан, и сав у нагону и у импулсијама, ипак је у том човеку све потчињено његовом Врању, које је мерило свега, и највећи закон под сунцем!... Додајте томе великом и лепом мотиву Станковићеве приче још и ту врлину што је све ово изражено у ванредно финој дискрецији, суптилности, полутону, каткад и у самим наговештајима, у исто време и у једној сјајној обради, какву нико у нас није превазишао. – Његове су љубави без патоса, исповести без емфазе, болови без реторике, смрти без јаука. Сви се његови страдалници губе у нечем вишем него што су они сами, и вишем него што је и човек уопште. Њихова љубав овде блесне као отровани нож, али увек без злоће и без зле помисли; и нигде укуса за разврат, ни слабости према себи. Свака је љубав у тим причама дошла природно и у свој сат, као што у свој сат шума пролиста, и цвеће расцвета; значи у правој сезони срца и крви, јер је такав закон природе. Ништа из главе ни из маште, пошто би то значило из нечисте крви! Због ове савршене чистоте, и све љубави, и сва лица Станковићеве приче, изгледају неизмерно снажна. А кад је год Станковић покушао да, напротив, дадне развратника и опише разврат, он је отишао у грубост; јер је изишао и из себе и из своје средине. Његови преступници су обично варошки идиоти или дегенерици са наследством патолошким. Али остали свет у Врању не губи снагу над собом ни кад изгуби памет; он је морално чист.

Међутим, баш у Станковићево време у Европи су писали развратне романе неколики познати писци. Тако је Пшибишевски дао свој *De profundis*, затим руски новелиста Арцибашев свога *Сањина*, и Данунцио своју *Citta morte*, романе који су били пуно у укусу ондашње публике, и могли заразити фантазију и других писаца. Али Станковић није пошао за њима. Он је ипак у свој једноличности свог мирног и патријархалног Врања успео да дадне пуно драматичних сцена и бизарних људи. Није могуће било одступити од етичког осећања, које је толико укорењено у нашем маловарошком друштву. А ово је одиста једна од највећих одлика нашег врањанског приповедача.

Он никад није ишао за сензацијама, за разноликошћу, за шаренилом, за измишљањем, као што за извесне сцене није имао ни смисла, ни урођеног укуса. Као српска народна музика која је сва у једном мотиву и у два-три такта, али ипак бескрајно сугестивна и чудна, тако и проза Станковићева је имала лепоту једнообразности и праве линије. Узмите младићку његову причу „У виноградима", пуну неба, сунца и лозе. Једна стара Циганка гледа у длан неком младом Врањанцу, и говори му ове сибилске речи, које стилски не могу бити савршеније: „Душа ти је широка, срце црно, тешко оној која се у тебе загледа. Век ти шарен, пут далек, незнан и таман... Ако преживиш...“ Овде се разуме да ово пророчанство значи како ће нека Врањанка која се буде загледала у овог младића, умрети од љубави. Ове Станковићеве речи писане у младићкој ватри љубавне маште подсећају на библијску „Песму над песмама“: „Идите, ноћни стражари, и кад сретнете мог драгог, кажите му да сам болна од љубави, и да умирем.“ Свака љубавна трагедија Станковићева тече овако из нечег символичног, и загонетног, и људима фатално наметнутог; и у крви прикривеног и мрачног, јачег и од љубави, и од саме памети човекове. Љубав је у Станковићу уопште такав понор у који се не сме нико дуже ни загледати.

Има често пуно овог психичког елемента у љубави као о некој људској коби такођер и у босанској народној романци, где су љубави овако подједнако тужне и болне:

„Мошчанице, водо племенита,
Уз пут ти је, селам ћеш ми драгом,
Да не коси траве поред Саве,
Покосиће моје косе плаве;
Да не пије Саве, воде хладне,
Попиће ми моје очи чарне...“

Станковић је познавао носталгичну српску душу као нико други, и наш морални идеализам, који је једно наше расно херојство. Свугде у његовом делу види се чежња место похоте; лепота страсти место порока страсти; снага и дубина сна место нагон и лудило крви; али и вечити бол човека у борби са законима људским, и обичајима народним, који се стављају насупрот законима природе и крви. Ова борба духа и материје описана је у Станковићевим причама са тако мало књишке мудрости, али и са таквом проницљивошћу какву су имали само највећи међу писцима.

У Врању нема љубавних самоубистава, али нема ни убистава због љубави. Нарочито нема скандала. Све оне његове Ленке и Нушке и Пасе наличе на жене из романа француског писца Пјера Лотија. То су женице чије патње долазе само од врелог сунца и кључале крви; али са том разликом што су Лотијеве жене примитивне, а Станковићеве жене патријархалне. Једне стоје ван морала и близу природе, а друге су везане за морал, и то чак морал црквенски и расни... Никад није Лоти од женских типова могао направити тако компликоване психолошке случајеве какве је правио наш врањански приповедач; пошто је психички круг Лотијевих жена био скучен, а код Станковићевих жена до крајње мере компликован. По својој суптилности, Станковићева лица остају најфиније и најсложеније душе нашег племена.

Свет Станковићевог завичаја већ се почео губити у времену које је наступило ослобођењем Врања од Турака, значи врло мало раније него што се овај писац био родио. Такав свет се губио полагано већ за живота и самог Боре Станковића, и на његове очи. Чак своју књигу коју је он био написао још као београдски студент назвао је због тога *Стари дани*, као да је реч о људима и женама који су живели богзна када раније. Описивао је своје Ленке и Пасе и Нушке као несавремене и старинске појаве у девојачком свету, макар што оне нису биле старије ни од самог овог писца. Навала простачке политичке агитације и по-

кварености чиновништва, затим шаренило тобож-
њих породица из престонице, и напаст од неуких про-
светитеља, загорчавало је млади живот Боре Станко-
вића. Нарочито када је поређивао ту кратку периоду
европеизирања са онима у којима су живели његов
отац и мајка, толико примитивни на изглед, али толи-
ко дубоки у правој суштини. Станковић је нарочито
осећао колико је његов град раснији и пуно отменији
него то ново друштво које је наилазило да га преи-
начи, или чак и да га изобличи.

За Станковића овај свет је значио крај једне ве-
ковне идиле његовог града пуног винограда, ме-
сечине, љубави, и вековне туге. Позната је Станко-
вићева реч која је значила један његов дубоки уздах:
„пусто турско!“... Заправо, ово је значило да су нека-
дашњи православни прописи за живот, који су изгле-
дали закони пали с неба, почели да лагано бледе, са
светом који је испуњавао сада више кафане него цр-
кве; и који је пуно говорио и пуно оговарао; и који је
давао себи спољни изглед савременог света, макар
што у ствари није још био ни добио обличје ниједног
времена, нити икаквог савременог друштва.

Станковића је бацило у тугу што је сада постајала
хучном она његова мирна старинска махала, где је до-
тад одувек провејавао дух чисто православни и па-
тријархални; где је муж сматран Богом посланим
човеком; и где су жене сматране најпре мајкама
дечјим, па тек затим љубавницама човековим. Ветар
новог доба, који је сада ударао из политичке средине
у престоници у те старе православне кровове једне
паланке на периферији државе, ишао је да својим
скептицизмом све поремети у тим домовима, куда су
мајке српске проносиле кадионицу као свештенице, и

где је отац владао као цар. Смак овог доброг старог времена Станковић је осећао као смак света. – Само у таквом болу он је могао да тако дубоко захвати у духовну историју нашег балканског људства, његових племенитих страсти и загонетних случајева срца. Станковић је зато и једини сачувао у потпуности нешто од оне беспримерне чистоте српске породице из прошлости под турским ропством; чистоте која ће, и поред све трагичности, некад можда изгледати нај-лепшим поглављем у историји нашег срца.

V

Станковић је дао слику своје средине, али је ипак, и пре свега, давао слику човекове душе. Видети људ-ску душу у пролазном и променљивом, то би био лак посао историчара и хроничара, али дати људску душу у њеном општем и вечном, то је увек дубоко дело ро-мансијера и приповедача, јер роман, то је историја о човеку. Станковићев земљак Врањанац није зато ни описиван као искључиво човек свога предела, него човек једне врло широке сфере људске страсти и мо-рала. Стога је за Станковића једна врањанска махала била оно што је за Балзака била цела Француска. Он у души једног врањанског патролџије и месара види исто онолико оштрине и потребе за удубљивањем са колико је какав Плутарх гледао у душу свог Темисто-кла или Катона. Те своје незнатне људе сликао је да-кле са истом пажњом са коликом је Тицијан сликао оног шпанског императора у чијем царству никад сунце није залазило.

Његов град Врање, то је за овог писца значила она школска која, кад се приближи увету, зазвучи из ње сва ширина великог мора. Ово понирање и трагање за детаљима, и тај невероватни дар за посматрање, које има овај писац скоро изузетно као своје природно преимућство, то је било нешто и савршено и ново за површне духове међу осталим нашим писцима, и у нашем читалачком свету. Станковић је први у нас говорио о души. Одиста, Станковић је био право чудо свог књижевног доба.

Станковић је први унео у нашу књижевност и ствари описне, а какве се дотле нису никад виделе: „Мирише ми ваздух на испуцало грожђе...“ Ово бизарно опажање не сећа ни на којег ранијег нашег приповедача, него право на Тургењева, или на Додеа. У једном његовом опису има и ова слика: „Кроз башту допире мркожута светлост, испрекидана и изломљена од грана и лишћа, док до нас дође. А више нас, кроз обасјани ваздух, клизи нешто топло и опија...“ На почетку приче о Нушки има опет овај дирљив напис: „Већ увече, и којекако. Збуните се, заборавите и заспите. Али кад вас ноћу пробуди месечево сијање – а он баш упро у лице – не знате да се једва дише. Гледате, гледате, па... Море, и земља је тамо друга! Лежите и пружате се слободно и поверљиво по њој као поред мајке.“

Затим у причи „Стари дани“ има такођер и овај врањански мотив: „Изиђох и ја за њим. Напољу свуда дубока, мртва ноћ. Из чаршије, са чесме пада вода. На студеном и мутном обзорју избио месец, и једва пробијајући се кроз влажне облаке, осветљава целу варош и околна брда неким мрко-гвозденом светлошћу...“ – Ево још један мали вечерњи пастел: „У томе већ почне први мрак. Њиве почињу да се губе; варошке улице да бивају тешње и тамније..." – Тако је диван и опис јутра после прве брачне ноћи у „Покојниковој жени". А затим једна ванредно дивна сличица из убоге врањанске улице: „Чаршија пуна магле, испресецана укрштеним млазевима свећа из дућана или кућа. Само фењери на чесмама и механама чкиље и трну од магле. А магла пада, пада..." – Зимски пејзажи су, међутим, ретки и страни у Станковићевим причама. За Тургењева се рекло како у његовим руским романима ни два пута није пао снег, а ово би се рекло и за Станковићеве приче, макар што је Врање ветровито и снежно. Његово Врање се обично купа у месечини, и сагорева у манитом источњачком лету, и буја у касном раскошном пролећу, и сјаји у јесен по препуним модрим виноградима... Пејзаж Станковићев има ватру и боју његових сопствених година. Млади писци већином описују ватрена лета, а старци описују зиме.

По оваквим описним квалитетима, књиге Станковићеве и данас су најбоље ствари наше приповедачке прозе. Нико им међу приповедачима није још ни близу пришао.

Ако је Станковић уопште у чему грешио, то је у синтакси свог српског језика, која нешто одвећ одаје периферију наше земље. Ја ту његову синтаксу сматрам одиста једним жалосним недостатком. Када би један писац намерно писао онаквом синтаксом, то би био прави преступ према говору свога народа, пошто нико нема права да дира у језик који је творевина тог самог народа. Највећи је писац, напротив, онај који пише најлепшим језиком, али нарочито онај који пише најбољом синтаксом! Само потпуно расни људи пишу добром синтаксом свог народног језика. Наши писци који нису расни, а њих има много, и свакако више него што би нам требало, пишу српским језиком који је за нас остале неразумљив, или бар непријатан, најпре по тој синтакси. Они су неразумљиви и непријатни јер не говоре српском синтаксом, и кад пишу српским речима. Синтакса, то је геометрија мисли; она је строго везана за темпераменат и дух једне расе; она је везана за крвоток и пулс, за дах и предах човека, из чије је крви тај језик поникао. Момчило Настасијевић је пример колико се човек, који није српске расе него цинцарске, рве са нашом српском синтаксом, и прави злоупотребе од њених необилазних и строгих закона. Има и још пуно њих који су у његовој истој језичној беди. – Уопште, један нов писац не може полагати право на некакав нов и свој сопствени *језик* него само на свој сопствени *говор*, што значи на сопствени начин изражавања, а што значи нешто сасвим друго. Никад језик нису створили писци него народ; а најбољи писци га само најлепше разумеју и најлепше примењују, али никад не употпуњују, а камоли још и да нешто у њему мењају.

Станковић остаје велики писац пре свега због својих изванредних психолошких опажања, али и због свог изванредног колористичног виђања и ствари и људских осећања. Свакако онај који се буде забављао да тражи колико је ко имао чула у нашој приповеци пре Станковићевог времена, наићи ће на велики број бешчулних и неосетљивих и тупих. За Станковића би се, напротив, могло рећи оно што је Сент-Бев рекао за Жан-Жак Русоа као романсијера: „Треба да му захвалимо што је први унео мало зеленила у француску литературу." И Станковић је први унео мало ваздуха у наше српске загушљиве одаје књижевне. Сензације боје и звука које је он донео биле су први почетак великих намера у нашој приповедачкој прози.

ПЕТАР КОЧИЋ

Петар Кочић, босански приповедач из времена Аустрије у Босни, појавио се у први мах са више патриотизма него литературе; и са више намера него инспирације. Изгледао је већма босански устаник него босански писац; и човек за мегдане а не за медитације; и јачи на кубури него на перу. Нико није очекивао да ће једног дана Кочић направити преврат у српској новели, него да ће побунити људе у Босанској Крајини, и попалити онамо турске чардаке. Цела мушка појава Кочићева одавала је борца и кавгаџију. Његов високи стас био је пун невештих покрета, као у човека који добро седи у седлу, али не уме да корача по тротоару. Његове су руке биле дугачке као у звонара, а очи широке и унезверене, као у ловца на лавове, а не на зечеве или јаребице. Имао је глас који је више трубио него изговарао људске речи. – Ово је био писац бунтовник каквих у нашој књижевности није уопште било пре њега, нешто налик на руске писце револуционаре који су писали по казаматима. Остаће дуго спомен Петра Кочића као доброг писца, али ће се, нажалост, изгубити спомен на изванредног човека, одваљеног од родне стене; и заборавиће се његова симпатична личност, која је одударала својом појавом од свих људи који су га окруживали. И најзад, изгубиће се магија његове вреле и живе речи, која је била сва као окрвављена. Са́мо име Кочић баца и данас, и бацаће још дуго, читав млаз светлости на једно велико раздобље нашег српског бола и поноса. Његово са́мо звонко име, изгледа прва реч неке јуначке заклетве и неког побожног завета. – Умро је млад, али је ипак, и боље него ико, успео да открије једну земљу са новом српском душом незадовољном, огорченом, прекипелом, и осветничком, која је толико везана за косовски идеал и обилићку правду. – Босна припада оном који је за њу умирао на турском коцу и на аустријском конопцу... Кочић је зато, и пре свију нас, видео колико је српска суза Богу дотужила, и колико ће судбина кукавне Босне убрзо бити везана за судбину Европе. Такво Кочићево историјско предосећање 1914, то је било можда најлепше и најузбудљивије у његовом малом али златном делу.

I

Кочић је пре свега приповедач свог босанског села, и оног краја по Врбасу и по Уни у којем већ није било неколико стотина година људског колена без бојева и без гаришта. Ту је на домаку она граница коју су Срби својим масама запосели од Бихаћа све до Сења па мору, да европски Запад бране од азијских провала, и да онамо створе чувени српски епос о ускоцима који су носили звучна имена из Херцеговине, са Косова и са Вардара. Нарочито из Херцеговине. „Све је ово од Херцеговине“, каже један сељак из онамошњег Змијања етнографу Милану Карановићу, говорећи о оном народу. – Уосталом, ово доказује и гусларски тип онамошњег човека, и чести типични устанци организовани по манастиру Гомионици и око других православних богомоља. И цела изградња реченице Кочићевог човека сведочи колико је његов крај духовно близак епским пределима нашег источног краја, према Дурмитору. И дубоки народњачки нагласак у његовом причању о јунацима и манијацима, бунтовним сањалицама и донкихотским карактерима, као Симеона Рудара и његовог друштва, дају образац једне врло типичне лакрдије о јунаштву манастирских испичутура и сеоских преклапала, какве се у нашим гусларским крајевима често сретају, као антитеза епском хероју опеваном у народној балади.

Петар Кочић је са својих неколико приповедака успео био да одмах повуче нову бразду, и даде једну причу о селу каква до тог времена у нас није постојала. Може се рећи да је до тог времена наша прича о селу, иако толико омиљена, била само једна наша народна предрасуда и књижевна обмана. Израсла у Србији и у Војводини, она је била без утицаја на народни живот, што је било лоше, али и без везе са стварним животом села, што је било још горе. – Пре свега, у то доба се веровало и да грађански тип нашег човека није уопште изграђен у животу, и да је село због тога још увек једина наша морална јединица, способна да буде предмет књижевности. Зато све оно што је било сеоско сматрано је једино и за народно. Ово не би можда у књижевном погледу била никаква штета, јер су за књижевност сви предмети добри ако се они нађу у рукама мајстора. Ми смо видели у *Робинзону* да су његовом писцу били довољни један човек и једна коза да се напише једна лепа прича. Један други страни писац је написао цео један роман о

свом псету. Међутим, била је несрећа што за триде-
сет година, за колико се до Кочићеве појаве развија-
ла наша приповетка о селу, она никад није успела
отићи даље од анегдоте, нити се једна слика успела
развити у један догађај. Таква сеоска прича нас је
представљала као да правимо први корак од прими-
тивне скаске ка уметничкој литератури. Обртало се
непрестано око идиле у којој је, место наивности, би-
ло само невештине; а место простоте, само про-
сташтво. У истом том XIX веку сеоску психологију су
правили Балзак, Жорж Сандова, Џорџ Елиот, Гогољ
и Толстој, Зола и Мопасан, дакле најбољи међу нај-
бољим. Сви други писци тога времена и по великим
земљама представљали су себи сељака као грађани-
на, али само нешто грубљег, и простије обученог не-
го што су људи из града. Уосталом, идеја о сељаку је
у Европи одувек била апсурдна. У Француској се све
до времена Луја XVI сељак није уопште сматрао
човеком, него нечим између човека и животиње. Ла
Бријер негде пише: „Само за девојке у манастирима,
и сељак изгледа човеком.“ Други су тада још верова-
ли да су само пожудне калуђерице сматрале да је се-
љак исто што и други човек. Балзак је први учинио
безакоње да о сељацима пише роман.

Ни наши српски писци нису успели написати
причу о сељаку у којој би он био описан паметним,
колико је паметан бар најглупљи варошанин. Они су
сматрали да је наивно што и глупо, а патријархално
што и примитивно. Зато смо од њих добили једну епо-
пеју о полублесастом народу, или бар детињастом,
ограниченом, морално неизграђеном. То је прича о
неком људству које живи, углавном, спокојно на свом

српском тлу као што мирно пасу на пољима Арголиде свештена говеда Јунонина.

Душевни и духовни живот сељаков описиван је тако да га непрестано видите везаног за његове опште одлике сталешке, за укорењене народне обичаје, и за правила старе задруге. Нигде се у српској причи не види сељак као лице само за себе активно, индивидуално, као господар или заточеник својих сопствених страсти, као представник категорије, протагонист расе. Због тога је та наша прича испадала више део неког српског фолклора него уметничког стварања; и више предмет етнологије него психологије. То је прича о том шта се догађа у нашем селу, а не шта се догађа у души нашег сељака. А за уметничко дело, које увек мора бити један докуменат душе, не може се рећи ништа горе. Мислим на Глишића и Веселиновића.

И природа српске земље описивана је безбојно и штуро. Истина, да би један писац био у књижевности сликар, треба да има нарочито моћан сензибилитет, и једно скоро сполно и варварско осећање за ствари у природи. Најбољи сликари колористи у књижевности били су обично велики сенсуалци, као Мопасан и Данунцио и Лоти, међу страним приповедачима нашег времена; а у нас, напротив, све до Петра Кочића, приповедачи су били некакви људи са више болећивости него доброте, и више нежности него душе. Тако су нам они сеоску психологију дали без довољно човечанске дубине, а природу нашег српског тла без довољно боје и светлости. Не зна се уопште да ли су безбојнији били ти наши описивани људи или њихови предели. Село и сељаци су демагошки улепшавани.

Писац пре свега мора, пре него што буде литераран, бити природним човеком; а то значи нешто сил-

164

но волети, или силно мрзети; али не ништа разводњавати, нити говорити у пола гласа. Та шкртост у осећањима, и оскудица у речима, и убоштво у бојама, зачуђава до највише мере. Још кад се зна да је овде реч о српским сељацима, који су задригли од снаге и забрекли од крви, људима од беса и пркоса, самовоље и самоглавости, који су понекад напаст за државу и страх за жандаре... Увек противници своје власти, незадовољници на свом добру, не слушајући ни попа како их учи, ни судију како им суди, ни полицију како их чува... Скоро сваки други је бивши војник, који и сам познаје градове и велике друмове, који је омирисао велики свет по вишекатницама, и важне људе по командама; и који се вратио у село са извесним изменама у својој некадашњој сићушној идеји о животу... То је човек који затим с годинама постаје и домаћином породице, мужем и оцем, тежаком који копа што је посејао, и трговцем који продаје што је откопао и пожњео. Он је и патриот или непатриот, херој по природи, или по насиљу. Значи и то је сад човек који је постао зградом од неколико спратова, и са пуно прозора на свој хоризонт, макар он и не био ни пуно широк, ни увек осветљен. Психологија сељака према томе није проста него сложена, као и психологија човека ма из које друге средине.

II

Међугим, писац који пише сеоску новелу, извесно мора имати и таленат нарочите врсте, пошто је ипак реч о сељаку као човеку који је плод посебних људских услова, животних прилика, и свакидашњих навика. Описујући град, није писцу, који је и сам грађанин, потребно излазити из своје природе, пошто му је све у граду присно и разговетно. Али кад грађанин слика село и сељака, онда мора да најпре има интуицију за примитивно и идилично, и једну нарочиту моћ уживљавања у детиње, а често и у детињасто, значи и у оно што је често у грађанину већ атрофирано.

Све што није у домашају човекове воље јесте титанско, а све што није у нашим свакидашњим навикама, за нас јесте апстракција. Стога је тешко једном интелектуалцу разумети обичним дедуктивним начином онај тамни рад двају или трију инстинката који, уопште узевши, сачињавају ипак цео унутрашњи живот сељака, човека који живи близу природе, и неодвајан од животиња. За ово треба природна проницљивост моралног историчара; јер је људско друштво превалило далек пут од примитивног до патријархалног, а затим од патријархалног до у културно, и у друштвено.

Сељак, то је човек који се налази на једној својој сопственој степеници историјског развића. Он је историјски и психолошки различнији од свог савременика грађанина него што би био различан један човек средњег века од човека нашег данашњег доба. Сељак није од нас само културно нижи, него и историјски друкчији; значи ментално различнији на једној великој скали разних душевних проживљавања... Данас се више научно не верује да постоје разне расе, него само разне класе; и да се људи диференцирају по социјалним законима, а не по законима биолошким; и да је зато један мандарин кинески близак једном лорду енглеском, а један радник на Жутој реци да је сличан каквом раднику на Темзи. И то по пуно елемената њихове заједничке друштвене „класе".

Приповедач села мора, дакле, да свог сељака проучи најпре у његовој изворној чистоти типа. Значи без паразитних елемената у његовом духу, попримљених касарном и школом. И да сељаку не даје страсти које нису сељачке, нити у уста ставља речи којима сељак уопште не говори. Иначе тај сељак испада идеализиран као у причању Жорж Сандове, или стилизован као у романима Џорџ Елиот: дакле мало друкчији него грађанин, али пуно друкчији него сељак.

Наши реалисти XIX века, Глишић и Веселиновић, макар што су и сами били по рођењу сељаци, дали су србијанског сељака доста површног, често и идеализираног. Једини приповедачи који су у нашој причи XIX века дали правог сељака били су, осим донекле Лаза Лазаревић, само људи на самом крају тог столећа: Иво Ћипико, далматински племић и трогирски грађанин, и Петар Кочић, бечки студент, који је имао срећу да буде рођен у Змијању, где је тип српског сељака остао још непокварен политичким агитацијама и читањем новина. Ћипикови и Кочићеви сељаци били су и већином људи из оних насеља великог српског залеђа од Уне ка мору, а код Ћипика засебно су били људи са острва и морске обале. Ма колико различни по моралним и психичким одликама, ови сељаци имају нешто неоспорно заједничко и блиско; град није унео збрку у њихове навике, нити им наметнуо црте које деформишу њихово првобитно обличје, што значи да није искварио и изобличио оно што нас највише интересује. Тако они остају сељаци и кад се надмудрују на начин варошких мудраца или шерета.

Са приповеткама Ћипика и Кочића почела је стога заправо наша права новела о нашем правом сеоском човеку.

III

Важно је напоменути да је култ за сељака ишао у Србији осамдесетих година XIX века напоредо са великим демократским покретом. У то време се одиста пуно говорило на политичким зборовима о сељачком благородству, истовремено када се говорило да сва беда долази од државе и од власти, од жандара и од порезника. Говорило се непријатељски за град и за званичнике. Народ су позивали демагози да не плаћа порез „него порезнике за крушку, па пушку“... Исти демагози су називали посвећеном руку каквог хајдука који је смакнуо једног жандара; а поред друма су постављани почасни камени белези убијеном хајдуку са натписом: „Погинуо од проклете жандарске руке.“

Такву политичку демагогију, која није ни до данас престала, узастопце је пратила и књижевна демагогија. Тек што је био направљен први корак у културни живот, стваран је поново култ за село и сељака. Позивали су на повратак селу, као да смо били већ загушени у салонском ваздуху и прашини наших библиотека. – Село се било иставило испред града и испред државе. Оно је у то време давало граду парламентарне беседнике, партијске прваке, чак и народне књижевнике. Студенти упоредне литературе и философије грчке и немачке ишли су у белим гаћама, књижевници се фотографисали у копоранима и шубарама, а народни посланици одлазили у парламенат у опанцима, с двојницама за појасом, с тојагом у руци. То је прави сеоски устанак у српској литератури. Успомена на мирис траве и блејање ђурђевданских јагањаца враћала је дах људима у престоници, која једва што се и сама почела стварати, и у којој је за цело једно столеће половина становништва остајала и даље сељачком.

Одиста, ништа није било чудније него Србија из времена последњих Обреновића, нити је игде било више књижевних контраста и сукоба међу карактерима. Све противуречности и све антиномије. Народ дубоко монархистичан, а вечити сукоби круне и народа. Земља највећих слободњака, а држава увек полицијска, глобе и батине. Земља пуна свију богатстава, а човек стално убог. Земља светог Саве, а свештеник светосавља најгрлатији партијски букач: више са амвона говори о шефу странке него о шефу цркве. Сви су у једној странци, у радикалској, а ипак сви један против другог. Свак бунтовник, а ипак свак понечији човек: ако не краљев или министров, а оно човек окружног начелника, измећар председника општине, или прислушник полицијског писара. Свако доброг срца и злог језика. Свак се бије за слободу а нико не подписи ред. Свак хоће јаку државу, али нико неће културне људе; и свако је демократ у држави, а тиранин у кући. Свако говори у име идеала, а свако погибе у ситницама. Преко пута универзитета стоји тамница Главњача, у којој су премлаћивани политичари и вешани злочинци. У рату највећи хероји, а у миру најпослушнији партизани. — Никад дахије нису напустиле београдски пашалук. Нити су кључи наше славне београдске тврђаве били икад у рукама расних Срба. Обожавају православље, а не иду у цркву, нити траже проповед. – Један првак из доба стварања државе тражио је да се потамане сви писмени људи у земљи, као што је Калигула протерао све философе. – Ето ове контрасте и парадоксе, који толико боду очи, није уочио ниједан приповедач из доба рађања нашег реализма, а то је у доба Обреновића. Никад нису описивали оно у шта су гледали, и никад није потпуно говорена истина, нити је наш писац имао до краја храброст своје речи.

Богаташ је другим изгледао кесарош, беседник је изгледао подвалација, проповедник је сматран лажовом, чиновник отмичарем. Овако су онда демагози јавно писали. Демагогија на амвону и на трибуни! Трагедија по тамницама где су убијани Анђелићи и Марковићи; лажни атентати по престоничким улицама; министри изреда Цинцари. – Српски народ, први народ на европском Истоку, по чојству и јунаштву, по песништву и речитости, а увек вођен људима углавном стране крви и мале памети. Ничег од свега овог у приповеткама или романима те чудне и толико компликоване периоде нашег живота.

IV

Нема ни до данас српског романа или знаменитије приповетке о сељаку који се доселио у престоницу и преконоћ постао грађанином престонице. Међутим, нема по менталитету човека апсурднијег него што је он. И после великог европског рата и постанка Југославије у нашој престоници су такви људи виђани по тротоарима, обучени до појаса грађански а од појаса сељачки. Нико од приповедача није таквог човека осетио у његовој трагедији сналажења и аклиматисања. Први наши приповедачи села нису знали да је и у њихово време престоница била јединим поприштем крупних моралних и духовних сукоба између нових и старих људи, између нових намера и старих навика, нових идеја и старих установа. Ломљени су карактери, куповане савести, убијани политички ауторитети, прављене завере. А нигде ни речи о свему томе у ондашњим књигама наших приповедача Милована Глишића, Јанка Веселиновића, Светолика Ранковића, Илије Вукићевића, чак ни најдаровитијег од њих Лазе Лазаревића.

Осташе занавек и без своје повести љубави кнеза Михаила и двор књегиње Јулије Хуњади, све пуно идеала и романтике; и доба краља Милана, пуно интрига и непрестаних завера, и доба страначке крви и туђинске политике; као што осташе неиспричани и двор краљице Наталије са њеним молдавским провинцијским опсесијама и рутенским малограђанским манијама; и доба кад се краљ одриче свога престола и чак своје народности, а његова краљица чак и своје цркве и вере. Ишчезли су спомени на лепе Ане Константиновићеве којима је млади књаз српски писао љубавне песме, као што је нестао и спомен на принцезу Томанију, која је још носила тепелук и ћурак и својим кнежевским рукама сама пекла слаткише за дворске свечаности.

Тако исто су нестале без трага у нашој књижевности и успомене на србијанске интелектуалце који су ишли да први виде Париз и Петроград, и брзо затим били први дипломати своје сељачке државе, која је онда била уникум у грађанској и аристократској Европи. Није остало ни речи о владарима који су због жена губили престоле и главе и образ, као несрећни последњи Обреновићи. Зар да не буде ни помена у нашој причи ни о првим градитељима српске словесности и обновитељима наше учености, и творцима наше модерне војске! Све је то остало без свога приповедача, занемело и закопано на старом Марковом гробљу, које су недавно поравнили без милосрђа гладни Арнаути и невољни Руси у служби општине престоничке. То је била друга смрт нашег првог грађанства, интересантног света некадашњег српског и цинцарског Београда.

Прича Лазе Лазаревића, најкултурнијег и најдаровитијег, није уопште прича из Београда где је живео, него из паланке где је рођен. Стога је у то доба култа за сељаштво био најважнија појава Јанко Веселиновић, који престоницу није ни домашао. Он је сликао само Мачву широку и сунчану, распевану и богату. У Јанковом селу тог доба бујају кукурузи као у Мисиру и никад жита није оборио ветар ни побио град, чак ни у причама о олуји и непогоди. У мачванском селу из високог жита не види се ни пешак ни коњаник. Источњачко небо је пуно птица и ватре. Бразде су заливене сунцем и кишом. Нема довољно људских руку да поберу плодове једног јединог распикућког српског лета. Само се чекају јесени да се пожене ђиде на бесним коњима и удају сеје са тешким златним ђерданима. Празници су пуни свирке и пуцања из пиштоља које су деде са Мишара били оставили потомцима за свадбе и црквене славе. Цео живот у Јанковој Мачви, то је велики сеоски балет. А сва несрећа у селу, то је ако се негде запалио димњак или појавила вештица. Веселиновић је о судбини људства имао благу насмејаност старог романсијера Ми-

лована Видаковића, по чијем роману *Љубомир у Је-
лисијуму* увек прати човека један послушни лав и је-
дан покорни бик.

Ово још не би била никаква несрећа. Није редак
случај у књижевности да писац види само једну стра-
ну живота, ону која њега највише занима. Код писца
и не треба тражити шта он нема, него шта он има.
Међутим, овде је несрећа у том што приповедач ни у
једној једино̄ј страни живота није видео и забележио
оно што је у њој битно, најдубље хумано, што значи
највише драматично. Уосталом, једно је сељак, а дру-
го је гејак. Нигде у тадашњој причи човека отреситог
и истински паметног међу сељацима, у чијој се гоми-
ли увек нађе понеки Сократ. Сељак је углавном сли-
кан као један тип у Јанковој „Кумовој клетви", по ко-
јој је, међутим, Недић исисао таленат овог
приповедача. – Сељак је на свој начин сложен човек,
а живот у селу није без интензивности и компликаци-
ја, без изненађења и без препада. Сељак се бори са
крупним стварима у природи, са ветровима и неродит
цом, са болестима и оскудицом, са жандарима и порез-
ницима, са пријатељима и непријатељима, са својим
страстима и наслеђима. Сељак је бар за онолико дра-
матична личност колико и великоварошанин, а та-
кође је толико исто оптимиста и песимиста, макар и
на свој начин; а најзад, он је исто толико и глуп и фи-
лософ, макар и на своју руку.

Једна велика беда наше повеле крајем XIX века
била је у том што писац, да би изгледао вернији, даје
и сам себи изглед сељака, наглажда његовим језиком,
ачи се према његовим навикама, закера или преклапа
по његовом обичају, а ово не само у мислима него и у
сељаковом речнику, тобож народном. Ово млаћење

вређа својом јефтином досетком и површним подражавањем, својим отужним просташтвом, својим упрошћавањем које је лажно и подметљиво. Ова беда прати нашу сеоску причу откад је постала, значи више него добру половину столећа, и то без промене чак и до дана данашњега.

V

Крајем истог столећа, наједанпут се појављује у Босни млади приповедач Петар Кочић после ракијавог села војвођанског приповедача Паје Марковића Адамова и рашћеретаног мачванског села, из којег је дошао у Београд Јанков Ђидо са ванредним песмама и богатим ђерданима. Он сад уноси у српску књижевност једну другу земљу, невеселу, и поробљену Босну, и једног друкчег сељака, огорченог и затрованог противника режима који му је наметнут након свију његових борби и мучеништва. Ово више није сељак који доноси на свет свој атавизам мржње на Турчина колико на Аустријанца, нити на агу колико на аустријског порезника. Он је бунтовник, јер је незадовољник на свом сопственом тлу, где нема своје земље и где оно што он засеје пожњу два пљачкаша, аге и порезници. Али је то све што огорчено носи у себи помешано са старим легендама о старим царевима, који су владали некад скоро целим Балканом; о јунацима са коластим аздијама и са челенком на чекрк, чија се сабља вуче по Крушевцу, о царицама и деспотицама које су биле кћери византијских царева, значи о старом српском господству и јунаштву које још и данас замагљује видик нашем човеку, и омађијава га својом легендом, која је јача од свих других његових душевних стања. Странца би зачудило осећање које има српски сељак Кочићеве врсте. Свугде је у свету сељак по инстинкту непријатељ господе, њеног пресићеног друштва и разметљивог блеска. И сељак мрзи културнијег од себе јер га се боји, као што диже руку на богатијег јер му завиди. А српски сељак, мање плебејац међу свим сељацима, а највећи пролетер међу свим народима, опевао је у сјајним својим десетерцима некадашње српске феудалне господаре, којима су његови преци служили, на начин како то нико није радио. Европски сељак је, напротив, својим баронима палио куће и затирао жетву, када је српски сељак у исто време посвећивао краљеве свог феудалног доба у цркви као светитеље и своје велможе опевао као хероје. Рекао би неко да су краљеви српски више посвећивали један другога него што их је посвећивао народ оног времена, али се на ово даје одговорити да их је морао посвећивати баш једино сам народ, пошто се ово види по том што их је он опевао и прославио својом поезијом, како је Хомер славио краља Алкиноја, са златним палатама и добродушним нaравима. Зар српски сељак, што значи народ, није опевао своје Немањиће на најпохвалнији начин кад говори да су они потрошили седам кула гроша и дуката да подигну хришћанске богомоље по свој српској земљи! У том погледу наш сељак одиста нема премца међу европским сељацима. Он је песник који све позлати у што погледа. Он гладује и мрзне, али пева српско царство и господство. Гуслар слепац утроши десетине стихова да обуче у злато и драго камење једног војводу из доба Лазарева. Тако по невеселим и гладним селима босанским у Кочићевој причи засветле фатаморгане наших великих царских легенди, нешто стварније од свега што и данас проживљује.

Временом је сељак у свима земљама постао непомирљивији од свих других сталежа; доказ, што су све побуне пошле из редова аграрних као и у античко доба Агрипе и Граха. Сељак је осим тога по правилу везан и за свој уски хоризонт, своје ситне стазе, своју црквицу у селу које увек припада другоме. Можда је још везан и за религију, иако површно и конфузно, пошто су религије увек подржавали краљеви и држава, градови и бирократија. Због овога сељак у многим европским земљама има свега једну површну слику о томе шта је заправо отаџбина, пошто отаџбина за њега значи најпре очевина, а сељаци вековима по Европи нису знали за своју очевину, него за очевину својих сопственика. Свакако, идеја о отаџбини у принципу премаша сељака као и све друго што је идеја. Појам о верској заједници на једном заједничком простору тла, које припада сваком и ником, и које се зове отаџбином, не постоји одиста за типичног сељака европског него као нешто потпуно неразговетно и лажно.

Било би доста разлога и за нашег босанског сељака српског осећања да појам о отаџбини буде неподударан са идејом о очевини, а која би била једина тачна идеја о односу човека са његовим традицијама. У Босни је одувек био живот тежи него у многим другим европским тежачким земљама. У Босни се изродио народ свију вера, и покушава вештачки да се разметне и у разне народности, чак и у оне о којима ни његов отац није знао пре аустријског режима. Босна је тако постала земља која припада сваком и ником, а у сваком случају најмање оном који је залио крвљу јуначком и мученичким знојем. Противно свима другим европским земљорадницима, који се у нас правилно називају жалосном речју тежацима, српски сељак није знао за револуције ни аграрне реформе у његову корист. Стога је босански сељак једини који сматра да има отаџбину и кад нема очевине.

Међутим, босански сељак је знао да све његово зло долази од странаца, од тога што прелази из руке у руку, што свако има право над њим, и што му свако даје име које није његово. За једну класну револуцију ипак је знао и босански сељак: а то је славни устанак на дахије, који је био дигнут под Карађорђем због намета и кулука који су били додијали. Та револуција, најпре чисто аграрна, требало је да захвати половину европског турског царства на овој страни, значи и Босну. И та је револуција дигнута у великој патриотској и косовској визији, ма колико била сталешка и противу поседника земље. За цео српски свет тог дела турског царства одмах је Филип Вишњић избио са епском песмом да предњачи једној аграрној револуцији, и он је добио прво место поред вожда те револуције. Иако босански сељак не зна где почиње и где свршава његова Босна на мапи, он зна где почиње и свршава историја његове крви, и где су по тој земљи била његова вековна бојишта против странаца. Док француски сељак на стотину година после пада свог Првог царства и данас пита шта ради Бонапарта у Паризу, наш сељак никад није био без познавања какво стање влада у његовој земљи и ко су њени вођи. У Француској је за време тзв. старог режима само трећина народа била писмена, као данас код нас; али је српски сељак, макар и савршено неписмен, био извор једне целе народне књижевности и главни извор једног од најлепших словенских и европских језика. Да странац не би сматрао како је Кочићев сељак сав патриота измишљен или идеализиран, треба пре свега да зна ове чињенице.

Српски сељак је јединствен и по том што је био главни творац своје државе; јер су сељаци били и његови вођи и његова војска и његова прва бирократија. Тип српске државе био је за XIX век извесно историјско чудо. Ми знамо да су постојали разни типови држава: Спарта и Рим су били војничке државе; Венеција и Ђенова су биле трговачке; а Швајцарска и Северна Америка биле су уговорне и правне. Али нема пре Србије примера да је постојала иједна сељачка држава као сељачко остварење ни у целој историји. Сељак као архитект те државе наставио је до краја и да буде њен главни културни фактор, што је одавало изванредну даровитост српског племена не само војничку него и државничку. Отуд је долазила и одвећ неконтролисана љубав великог броја наших писаца за село као расадницу свега доброг и великог. Међутим, зло је у том што се ни овај таленат нашег сељачког човека није ничим изразио у приповеткама које су наши писци писали за скоро целу једну половину века, чак и до дана данашњега.

Несумњиво да онај који у нас буде написао најбољи сеоски роман, биће истовремено сматран и највећим нашим писцем. Нема никога међу нама који таквог писца није жудно очекивао. Наш је сељак вечни мученик макар био и романтичар, изванредни мистик и песник, макар и одвећ тиштало бреме које носи и увреде које трпи. Кочић је био као Богом послан да буде такав један историчар села и тумач шта је у сељаку опште а шта изузетно племенско. Нажалост, Кочић је умро млад и сатрвен једном страшном болешћу. Стога је за наше књижевно поколење овај изванредни губитак био један наш преломљен мач и један замукли глас победе, и једна наша изгубљена битка. А за људе из Кочићеве земље његова смрт је била једна велика жалост и зато што је Кочић до онога времена био најбољи онамошњи прозни писац који је постојао.

VI

Кочић је приписивао сву несрећу нашег народа од косовске пропасти случају што су Турци успели да међу нама, више него игде на Балкану, одроде велики део српских маса и да затим направе од њих главну подршку своје петвековне тираније. Али је Кочић као и Шантић био човек свога соја, и говорио о том са више бола него гнева. Посреди су биле историјске прилике које нису могле друкчије ни свршити, пошто су верски ратови пустошили Европу три века, па и код нас. Зато Кочић, живећи у доба аустријског и мађарског режима, који је наметнут без победе и без славе, а средствима невитешким и нехришћанским, упоређивао је ново ропство са некадашњим азијатским које је било оборено, и налазио да од зла има и горе. Као и Бори Станковићу, и њему је долазило да се омакне реч: „пусто турско!" Турци су порушили у Европи неколико цивилизација, а не само српску, али Турчин није ни правио параду од свог духа и своје хуманости, као две католичке државе под Хабсбурзима, долазећи овамо да врше апостолат у име културног Запада. Режим Беча је ишао да парализира све националне идеале и да разводни крв једног снажног племена уносећи збрку у расу и нацију, и одузимајући све а не дајући ништа.

Несрећни босански сељак, коме је ага узимао трећину а порезник десетину, морао је и да исхрањује цео свет добеглица и паразита, који су му одвајали јуне, скидали котлић са верига, испретали хлеб из пепела, све у театралности једне апсурдне државе која је и даље живела само за једну насилну бирократију и једну пропалу династију. Није се народ као у турско време одводио у тамнице, набијао на кочеве, ни сваки дан вешао по пијацама, него се остављао да изумире у лаганом гладовању и губи у очајању за будућност. Стога Кочићев сељак Давид Штрбац, сеоски пророк и бунтовник, истовремено оплакује и проклиње. Тај сељак из љуте Босанске Крајине једини је до данас крупни и сугестивни портрет сељака у нашој књижевности. То је далек скок од свега што се било дотле казало у нашој сељачкој причи.

Са својим приповеткама „Јазавац пред судом“, „Мејдан Симеуна ђака“, „Зулум Симеуна ђака“, „Истинути зулум Симеуна ђака“, „Мрачајски прото“, „Јуре Пилиграп“ и „Јаблан“ – да није Кочић дао ништа више него само ово – доказује колико је његов дух био проницљив и његов стил спонтан и савршен, његова иронија неодољива и племенита. Наравно, на толико мало страница Кочићев сељак није успео да буде у потпуности изражен, и остао је стога доста упрошћен и ограничен. Тек би у једном роману Кочић успео дати целу драму босанског човека везаног за тло и за животиње, за суше и неродице, за намете и дугове. Кочић је био сав саграђен да нам дадне један роман те врсте. Он је разумео мрачну љубав човека за земљу коју залива знојем и крвљу, и која је силнија од сваке друге човекове љубави на свету. Човек и земља, одвојени од свега другог божјег и људског, то је оно што стоји нерасудним и свирепим законима природе повезано у исту судбину откад је човек постојао. А непријатељ који посегне за том земљом хранитељком и мајком, то је таква сабласт коју само може да осети човек и сам поникао у таквој скрушеној и угроженој средини. Већ са горњим причама нико се није могао отети утиску да је Кочић на путу да пође право највећим циљевима једне књижевности ове врсте.

Овако, низ приповедака овог рано несталог писца више показује шта је он могао бити него и шта је био. Он би био нашао и много других мотива, много ширих ако не и више драматичних. Његове су приче одвише биле везане за један режим. А режими су пролазни и бандити су смртни људи; – али отмице и бандитство су вечни и у крви човековој, а Кочић би их нашао можда и у разним другим странама живота. Срећом, та прича ипак није до краја у описима једног посебног раздобља, јер би то ишло на њену штету. Јер у једном књижевном делу узбуђује оно што је вечно у људској судбини, а не оно што је повремено и случајно и локално. Иначе увек постоји опасност да се оваква прича утопи у лиризму и у историјској меланхолији и оде у патриотско штиво. Прави приповедач иде увек, и неодољиво, за осећањем првобитним и неменљивим, основним, и јачим од човека, као закон природе.

За нас данашње читаоце, Софоклове трагедије би изгледале безбојне бајке када и данас у човековој природи не би препознали исти детерминизам који је уморио тебанског краља Лаја, и отровао његово потомство. Бесмртна прича, то је једино прича о бесмртном. И најновије у једној причи, то је увек само једна нова истина о нечем прастаром. И најзад, никад не умире само оно што је хиљадама пута умирало.

Сва величина једног писца јесте у томе да о једној ствари дадне неколико нових докумената. Видети природу кроз своју природу, и општу човекову судбину кроз своје сопствене доживљаје, то је све што може да донесе један нов писац: јер је свет веома стар, а тако исто и људске среће и несреће.

Али ипак, Кочић је више сликао него приповедао. То значи, његове приче нису имале довољно фабуле ни радње; то су више опажања него догађаји; забелешке о људима и њиховим судбинама, али без сукоба у осећањима и без противуречности са самим собом, што је најдраматичније. – Да би овакве ствари постале причом, морале би се развити у ширу акцију и у довршен организам, јер једна прича није још прича ако се не даје препричати, након што се једном прочитала или чула, иначе је скица и забелешка. Тако се нису довољно у причу развиле оне сјајне појединости о Мрачајском проти и о Мргуди, који су били предмети за цео један роман. – Уосталом, од овог недостатка фабуле, значи инвенције, пати цела српска новела. Приче Мопасанове или Горкога дају се увек препричати, али се не даје препричати какав роман Анатола Франса, пошто Анатол Франс није био приповедач него козер, и његова су приповедања стога сјајне козерије али не и романи.

Кочић је својим типовима, као [што су] Давид Штрбац и Симеун ђак, дао у кратким причама најизразитија лица у нашој новели. Штрбац је сеоски лакрдијаш којег је мржња на странца направила духовитим, а сиротиња отровним. Он се шегачи са властима које су представљали расходовани аустријски бирократи разних раса, полушпиони, презадужени и алапљиви, и увек српски непријатељи. Штрбац је сељак из Змијања, мудрац и политичар, сеоски Аристофан и сеоски Јувенал, проповедник и пророк, прерушен у шарлатана и буфона. То је типични српски човек из простог народа у оној земљи, један од оних који су ишли од канцеларије до канцеларије аустријске, завиривали, посматрали и контролисали тај пропали господски свет једне монархије која је била осуђена на пропаст. Тако су одмеравали праву снагу непријатеља замећући двосмислене разговоре и правећи алузије на судњи час, који чека ту војску комедијаша са лажним дипломама и грбовима и полицијским патриотизмом. Такви људи као Давид Штрбац и Симеун ђак излагани су вољно и невољно смеху и порузи туђинца и своје сумњиве словенске браће у тим канцеларијама, али увек верујући, као и данас, да ће на крају њихова реч бити последња. За нас који смо све ово видели и доживели нема ничег речитијег ни узбудљивијег, ни топлијег од ове изванредне историје Давида Штрпца или Симеуна ђака.

Симеун ђак је други класични тип из Кочићеве приче и из његовог изванредног краја. Ово је манастирска испичутура који се надлагује са побожном братијом и њихивим момцима уз благу музику ракијских казана, испијајући младу и врућу препеченицу. Он је нешто друкчији него његов земљак Штрбац, и види се у друкчијој средини. Штрбац је философ и политичар, озлојеђени грађанин једне окрвављене земље, који није даље имао стрпљења чекајући судњи дан, него иде на борбу са доскакивањима и репликама, заједљивим метафорама и горким апострофама. Ничег у нас није било написано ни духовитије ни трагичније него тај Штрпчев хумор, његова привидна наивност, беспомоћни протест човека кога бичују по очима и по устима, а који нема довољно руку да подави и покоље сав олош који је у Босну нагрнуо под изговором да ту земљу просвети и уљуди. Давид Штрбац је једини интелигенат као сељак у српској причи до нашег поколења. Да је Давид Штрбац био случајно рођен у Херцеговини, он би водио устаничку чету између Требиња и Гацка, и дочекивао на Невесињу царску пошту. Али у свом завичају, он се склонио у свој сарказам и загрижљивост, параболе и доскочице. Давид Штрбац је једна велика фигура нашег народног живота овог доба.

Симеун Рудар, ђак из манастира Гомионице, то је лажов и преклапало који прича измишљене мегдане са Турцима и аустријским капетанима. Сав шаљив у својој убојитости, добродушан у својој опакој фантазији, то је помало Тартарен, помало Дон Кихот, и помало Будалина Тале, али увек у речима, а не у делима. Тобожњи мегданција, сабијен иза манастирског казана, али пун ироније за царску војску и за њене команданте. И он је као Давид Штрбац, полемичар и шерет. Ништа мање једак на лажни аустријски политички морал, нити имало милосрднији према отпадницима од српског имена. И Штрбац и Рудар су заправо трагичне појаве и патнички типови. Нису ово две фиктивне личности, него два аутентична лица из живота. Они су свима нама блиски као нека наша својта са којом смо у најближим крвним везама.

Као што се ни Доде није више у животу могао одвојити од типа свога Тартарена, који се толико допао публици, тако је и Кочић први поднео утицај свог Штрпца и свог Рудара. Да је још и пола столећа причао приче, он би остао више него једном веран тој двојици људи, у које је одиста био метнуо највише од себе самог. Тако се већ одмах спочетка враћао на Симеуна ђака у три разне своје приповетке и под три разна натписа. Сами писци понекад пронађу како су кроз неко своје лице одиста проговорили оно за што им је изгледало да су дошли на свет да кажу.

ИСИДОРА СЕКУЛИЋ

Жена је у књижевности показивала већма особине свог спола него особине свог личног талента, и то чини да њихове књиге неминовно личе једна на другу. Изузетака има тако мало као да их и нема. Зато или читали стихове које су жене написале, или гледали слике које су оне насликале, све те уметничке ствари имају једну општу заједницу: немање мере у емоцијама ни реда у импресијама; посматрање више минуциозно него дубоко; много декоративности и барока и слаткоће; сентименталност која иде у плачевност; више досетљивости него духовитости; пуно перверсије у бојама; много лукавства у средствима која често нису дозвољена ни уметнички поштена; превише вербализма; чешће емфаза него екстаза; много крупније сузе него болови; у сликарству одвећ цвећа, намештаја, ваза, луксуза, поретка; свугде више удварања према читаоцу него обзира према оном о коме се говори или којег сликају; честе замишљености над бесмислицама и удубљивања у плитке ствари.

Њихов свет је увек свет виђен с добре стране, зато што жене имају неизмерно више животне радости него човек. За њих нема једна срећа него небројено малих срећа, које оне проналазе без замарања и наслађују се њима без досаде. Увек је било мање несрећница него несрећника. За жену не постоји један велики низ уверења и идеала због којих је човек срећан или несрећан. Има једно жалосно доба у животу човековом кад се његово срце затвори и кад се његова осећања окамене у правила за живот и принципе за углед другим људима; и кад од оног од чега је пре правио своју срећу сад прави своју философију. Жена не познаје такве дане, и она до краја живота не може да изиђе из неких навика и потреба детињих. Да је наивна, то би значило да верује да има више добрих ствари него рђавих; али је она само детињаста, а то значи да нерасудно меша озбиљно и неозбиљно. За њу се ствари не деле на добре и рђаве, него на слатке и горке. Оне праве помало играчке целог живота, и играју се њима док их не разбију. Највећа је несрећа не бити више лепа ни млада; сиротиња је више срамота него несрећа. Жена је највећи епикурејац. Њен силни нагон за све што је лепо долази од њене силне страсти за уживањима. Зато је женска литература направљена од самих чежња. Њихов бол иде само до меланхолије, а никад до одрицања и самоодрицања. Општа људска беда нема места у лирици жене која се не може да одвоји од себе. Има жена које нису срећне или које су чак и несрећне, али их нема које не верују у срећу и несрећу. Зато је њихово унутрашње страдање само прекаљен сан о радости, наличје уживања. Непрекидна сујета коју жена уноси у све, само доказује цену коју она даје свима ситним срећама на овој земљи. То све, укупно, чини њихову књижевност и њихово сликарство само сопственим улепшавањем; делом њихове тоалете; удварањем које и иначе лежи у свакој њиховој речи и покрету; покушајем да усаврше лепоту ако је имају, или је надокнаде ако је немају довољно.

Прва књига Исидоре Секулић, која се зове *Сапутници*, писана и издана у најлепшој њеној младости, није женско дело. Бол који је у њој записан много је метафизичан, што значи општи. Он је мање историја једне женске душе него трагедија човечје мисли. Свака њена емоција постала је рефлексијом, што је код жене баш сасвим обрнуто. Све је овде у сукобу душевног и духовног, оног што се сневало с оним што се мислило; сукоб између илузије о животу и идеје о животу; катастрофа срца која је била играчком духа. Живот је стварност, али срећа и несрећа су апстракције; и песникиња је пошла за њима. Мислилац и сањалица у исто време, као сви прави песници, она је окушала беду свих оних који не могу да живе једним јединим животом да би га живели интензивно, а то је инстинктивно. Све њене радости биле су мање од оних које је она желела; али не стога што су оне биле одиста малене, него зато што је она свакој од њих давала њено име и решавала њену цену. Свугде непрестана потреба да се велике и дубоке ствари осветле и објасне малим средствима људског разума. И тако та њена потреба за мерењем трује један по један све чисте кладенце срца. То је скоро толико упорно да изгледа намерно, и толико намерно да изгледа болесно. Али није тако. Јер је једно очевидно: *Сапутници* су један тужан плод самоће. Ништа, изгледа, није пратило ову душу него фантом самоће: оно што су други проживели, она је просневала; и оно што су други опевали, она је оплакала. Да је ова песникиња била срећна да изиђе у отворен живот као на отворено море, и да засити све своје сујете и све обести песничке фантазије, њена би књига била спокојнија и онде где је најсетнија. Али је ова књига један низ варијација идеје о истој беди на овој земљи: жаљење за животом који није прошао него није никад ни дошао; горчина према срећи која је била циција, и према несрећи која је била кукавица. Нешто горко и промашено, један живот мален и тескобан, и зло и добро подједнако уско и понижавајуће. Зато је бол у овој чудној књизи тим дубље и печалније казиван. Одиста изгледа да се мора бити несрећан па да се напише добро уметничко дело. На свима великим уметничким стварима лежи једна студена сумаглица разочарења и беде.

Ова прва књига наше Исидоре Секулић је једна од десет најбољих песничких књига досадашње наше литературе. Можда ће остати заувек њено најбоље дело, најбоље јер је ненадмашно. Флобер је у двадесет седмој години написао *Сентиментално васпитање*, а у тридесетој своје *Искушење светог Антонија*. Зар и Тасо није у тим годинама завршио свој *Ослобођени Јерусалим*?... Има поетских дела која избију као врели и кључави гејзир, и која не знају за лагана усавршавања и напорна улепшавања. Ова наша песникиња је у тим годинама дала нашу најлепшу књигу песничке прозе тог момента. Треба само жалити што Исидора Секулић није после ове књиге, која је била довољна да јој дадне име, више дала ниједно слично интимно дело. Ова је једина њена књига била ствар инспирације, а све њено друго биле су ствари еклектизма. Она је у свему доцнијем и даљем ишла увек у првом реду међу нашим писцима, али само с овим делом стала је била одмах на прво место међу творцима наше поетске прозе. Из богатог плена над царем Даријем његов грчки победилац Александар узео је један ковчежић савршене лепоте да у њему чува свог

Хомера. Сви заљубљени и сви разочарани требали би да у таквом ковчежићу држе ову књигу наше песникиње, књигу која као пентелејски мрамор постаје с годинама све лепша и у којој има записана једна изванредна дубока и фина женска душа нашег времена.

Али дух раздвајања и мучења себе саме иде тако далеко у књизи ове прозе, тако живописне и искрене, да нема ниједног пејзажа који би излазио читав и заокругљен. Све је раздробљено и распрскано у ситне појаве у природи. Место великих шума на сунцу младости и чежње, иду танки и једва видљиви кончићи направљени од ваздуха, и испредени од сунчане топлоте, и којим се држе ствари једна за другу. Место крупних видика, она види мрвице светлих предмета у просторима. Место велике песме времена која тече земљом и иде из долине у долину, она слуша мали космос невидљивих бића у ваздуху и по трави. Један скоро перверсан нагон да све измрска и умањи. Свако осећање је исецкано на хиљаду осећања, и свака срећа на небројно малих секунди радости који више не могу бити проживљени као пијанство и френезија. Уосталом, по овој песникињи изгледало би да и нема ничег што би било само по себи ни бескрајно, ни велико. Свет није збир свих светова него збир неприметно ситних и светлих ништа која се губе пред очима и пред памећу. Нема љубави, јер се мора увек ићи од истине срца ка истинама разума, а то значи у бескрајност и мучење (в. „Мучење"). Нема слободе која би могла прећи бразду која је око нас фатално повучена, круга у чијем средишту стоји човек као оковани заробљеник, и на чијој ивици застане и умре (в. „Круг"). Нема ничег. Или има свега у илузији, али нема у идеји. Илузија је и изнад идеје и изнад стварности. Ко чезне за срећом тај има илузију о срећи. Човек је само срећан уколико је жељан.

„Само један пољубац је у животу човека, само једаред је душа у очима, само једаред је вера сујевера!

А све остало је само чежња, силна или сломљена, вечна и болна чежња.

Чежња мрамора да буде стуб поноса и снаге.

Чежња бледих фреска да их не сишу очи и сунце.

Чежња залеђене воденице што стоји као пусто птичје гнездо, напуњено снегом.

Чежња кошуте кад је месец измами у густа поља и грицка врхове класова и не зна да то чини.

Чежња распученог бескраја морског кад у сиве часове вечери попадају једрила и весла, и упливи и последња лађа у плитке и мртве воде луке.“

Али, у једном погледу, ова интересантна књига је ипак женско дело. Илузија није успела да буде сама себи довољна. Мислиоци обично нађу умирења у самој својој мисли, и она им даје довољно моћи да живе изван ствари зато што живе изнад ствари. Велико страдање мисли свршава неминовно у мудрости, а то је у измирењу; и у религији, а то је у самоодрицању. Платон је говорио да философирати значи љубити Бога, а Монтењ је говорио да философирати значи учити се како треба умрети. Али по овој нашој песникињи, као и по философији свих жена: мудровати, то значи волети човека. Јер и она, верна најлепшем инстинкту свог спола, верује да је суштина женине среће и несреће у односу према човеку. Зато је ово и еротична књига. То је само једна добра страна више овог дела. До нашег колена, наша књижевност није имала еротике. Љубавно осећање није сматрано ни философијом срца, ни космичком срећом или науком, него фамилијарним чувством које се казује на фамилијаран начин, као у Змаја и Ђуре.

За еротику великог стила нисмо имали ни друштвени живот, ни философију живота. Љубав тражи дубоку позадину и дубоку човекову прошлост. Жена је за човека предмет мисли само откад уме да мудрује, и предмет великих срећа и несрећа тек откад је савладао најгрубље потребе простог и примитивног човека. Праве сентименталне компликације, изван велике еротике, су нове и за напредније народе него што смо ми. Човек је одувек волео и страдао од љубави; чак о том одувек говорио и одувек певао. Али је еротика великог стила дело модерног времена. Нема ни у античкој трагедији ни у античкој лирици пуно страница велике еротике. У нас је била уметничка лирика у погледу еротичном чак испод народне романце. Наши старији песници су били дубљи у патриотским осећањима него љубавним. За еротику треба философије, и то какве; и темперамента, и то колико; и племените речитости, и то колико високе. Има и једна разлика између еротике у овој књизи и еротике у другим женским књигама о љубави: што човек, који је средиште свих мучења крви и памети, овде изгледа ипак више фикција него стварност, више игра фантазије него повест срца, више идеја о човеку него човек. Изгледа то сан о неком који никад није прешао њен праг ни затворио за собом њена врата. Он је овде налик на блиставу и ташту силуету с којом се она срела само на једном дубоко болном раскршћу своје мисли. У песми „Мучење“ описује бол што не може да разуме човека којег воли, као да има неко ко разуме оне које воли, и као да је вољено само оно што је разумљиво. Међутим, према оном што се овде наслућује, тај човек нама другим изгледа потпуно јасан: човек тврд и крупан; створен више да живи у борби с људима него у љубави са женама; намрштен у свом поносу и хладан у својој енергији; сасвим онакав каквог жене воле и за којим лудују, и поред којег им не остаје времена да га објашњавају; и које га компликују све већма колико га тумаче. То је вечна интрига спола. А ова песникиња, као и цео свет, у љубав је уносила више себе него ишта друго. И уколико јој је та љубав изгледала већма шкрта, она је њу све већма бистрила, значи све већма компликовала.

За обраду ових својих песничких рефлексија Исидора Секулић је изабрала један у нас до тада нов књижевни род. То је поетска козерија. Сасвим фатално, те козерије немају своју класичну линију, и не зна се ни где почињу ни где свршавају. Нешто њихов такав род, а нешто пишчева немоћ да се сконцентрише, [чине да] ове ствари праве утисак да су расејане, без логичних пропорција и без хармоније. Као да понекад писац говори како му што падне на памет: све раскошно, али све збуњено. Тако после једног прочитаног комада ове бриљантне прозе, остају очи пуније блеска и боје него што у памети остаје сећања о том што се прочитало; нешто слично музичкој партитури коју вештак прочита и схвати; чак и осети, али не запамти. Козерија и није друго него такво музицирање речима и лепим сликама. Међутим, у свакој овој песми има једна централна идеја („Круг", „Мучење", „Чежња", „Носталгија", „Буре", итд.). Свака је од тих идеја и интелигентно замишљена и поетски казана. Чега нема, то није централна идеја, него централна слика. А ове би песме биле савршене када би биле тако компоноване да нам од њих увек остане двоје: идеја и њена слика. Писац је овде више мислилац него сликар. Све је раздробљено у мале и светле каменчиће, али нема мозаика. Једна ствар се може читати с почетка или с краја, свеједно; и те слике се после не реконструишу у памети нити обнављају у хармонији. Међутим, на дну сваке наше логичне мисли има једна основица која је често геометријска формула. Наша се цела памет састоји од слика, али свака слика се даје свести на прости цртеж који је њен смисао и логика. У памети људској се зато ништа не садржава што није синтетично и органски логично. А ове се козерије не дају ни пресликати, ни препричати; по свему лежи нешто нестрпљиво и плашљиво. За једну књигу овако мисаону, и за сликање осведочењâ ума и срца овако крајње јасна, било је очекивати више резигнираног мира.

Без добре композиције нема добре књижевности, јер је логика у пропорцијама и хармонији. Добром писцу мора да линија буде урођена као слух. Добар писац види свугде тачну линију, не само у књижевном грађењу, него и на кући, на кипу, у врту, у покрету свачег што живи. Ово је осећање недељиво. Добар пејзажист из књижевности осећа одлично и добар пејзаж из атељеа, јер је и једном и другом артисти исти извор, природа. Добар писац је суверен линије, јер је пропорција закон мисли, јер се мисли само у односима. – Можда Исидора Секулић није ни нашла да њене козерије у књизи *Сапутници* буду слике израђене с толико педантерије; ни да свака поетска ствар имадне оно што ја мислим да је неопходно за свако уметничко дело: да имадне идеју и њену слику. Она је овде узела само сликовит говор. Ово није серија слика, некаквих балада у прози, него један поетски разговор о љубави, изражен у небројно малих и блиставих арабески, за које често изгледа да их је писац нашао лакше што је жена него што је песник.

Ова лепа и прва књига Исидоре Секулић била је довољна да се говори не само о једној књизи него о једном таленту. Тај таленат, чим се појавио, није био обичан, него чак необичан. Већ према овој првој њеној књизи се могло говорити о новом таленту, јер је то дело превасходно лично. Свакако је одмах већ изгледало да је песникиња њиме дала своју праву меру; сви елементи доцнијег писца великог калибра били су у тим саставима. Њена велика способност за песнички израз, за сјајну метафору, одмах се истакла у оном добу кад се поезија није могла ослободити од реторике ни проза од журнализма. Исидора Секулић је прва наша жена која је имала књижевног талента. И то врло великог и врло изграђеног. Њени књижевни другови су јој говорили: после царице Милице највиша Српкиња. Јер онда кад су друге знале једва да читају, она је писала како су писале само две-три европске жене из највећих књижевности. Требало је имати пуно песничке философије па написати „Мучење“ или „Круг“, и пуно финог смисла за песничку реч па написати „Чежњу“ и „Лигурију“. Зато ова књига може имати недостатака, али нема погрешака.

Песнички израз, то је оно што често немају наши писци. Има један језик којим говоре само пророци и песници. Да се опише једна песничка визија или велика песничка емоција, треба крупно средство песничког израза. Свеци и мистици имају свој начин говора који је прост, али који је сублиман и недостижан у његовој простоти. Могу се и необичне песничке мисли говорити обичним речима, јер све су речи обичне, али не смеју се говорити обичним фигурама. Велики творац се и не служи у крупним моментима само речима, које су лексикографска средства, него фигурама, које су средства књижевног израза. Није довољно знати добро народни језик, треба још имати снаге да се на њему прави своја лична метафора. Сваки писац већег стила је пре свега већи од других по том што има свој начин говора: изражавамо се народним језиком који је општи, али својим личним говором. Реч није готово дело, него материја која мења своје облике према томе у чијим се рукама налази; у рукама доброг артисте она је ствар алхимије. Није довољна песничка идеја, треба још песнички израз. – Наши добри слепци гуслари оставили су нам најколорисаније и најсјајније примесе символа; наши слепци су нас учили како се од једног сељачког језика прави високи песнички говор. А имамо славних песника без иједне славне фигуре. Није песников посао да изграђује народни језик; то је дело народа. Али он тај језик прави способнијим за изражавање већих замисли, и то спиритуализирајући тај језик. Песник који нема свој сопствени начин изражавања, свој језички апарат, своју сопствену фразу, и нарочито своју фигуру, то није песник; јер је песнички говор недељив од песничког талента, учешће свих способности једног творца. Обична реч не може да изрази мисао а да је не осиромаши и осакати; само символ је у стању да јој дадне простор и логични оквир. Све најузвишеније говорено је помоћу символа; религије су говориле помоћу њих. Само онај народ има своју литературу у којој сваки већи писац има свој начин изражавања, који га одмах после првих редова тачно прокаже, и који га више ни с ким не помеша. А ова наша песникиња је то постигла чим је узела перо у руку.

Као књижевни критичар, Исидора Секулић има своје посебно место. Наше дотадашње критичарско дело се састојало од једног великог броја есеја и приказа који ипак не дају праве обрасце књижевне критике. Један је дао књижевну логику, други књижевну педагогију, трећи књижевну историју, а сви други књижевни журнализам. Богдан Поповић даје књижевну философију. Ја нисам против критике и критичара. Високо ценим Сент-Бева, Меколеја, Тена, Леметра, Бенедета Крочеа и Фагеа. Али ово нису критичари. За њих је књижевно дело само повод да говоре и сами о свему оном о чему говори писац којег приказују. Мени се увек чинило да се о књизи уопште нема друго рећи него да је добра или да је рђава; а то значи да ли је писао човек од талента или књижевни шарлатан. То се, међутим, више осећа него разуме, а књижевно разумевање је више ствар једне дугачке лествице душевних и духовних могућности него васпитања. – Критичари и сами морају бити артисти, философи и људи од духа. И они морају пре свега бити творци; да покажу сваким поводом своје погледе на живот и смрт, среће и несреће, љубав и мржњу, човека и робу. И да сами знадну да пишу стихове, да би осећали све појединости версификаторске и све новости метафоре и симбола, друкче и више него што осећа само један најкултурнији читалац. Отац француске критике Боало је био и сам песник. Сент-Бев је био песник; иако више рђав него и осредњи; Леметр је писао и драме; књижевни есејисти Франс и

Бурже су били романсијери; Тен је био велики философ и велики историчар. Они су, дакле, имали права да цене, чак и да суде, јер су могли да осете и да разумеју. Они су стајали, као критичари, ближе писцу и његовој књизи него они који су само књижевне судије, преламајући све преко колена; јер су и сами мислиоци и творци. Зато је наша дневна критика највећим делом журнализам; јер журналисти је једином дозвољено да о свему говори а да ништа озбиљно не познаје. Поменути велики критичари импонују писцу својим сопственим идејама, промозганим и промишљеним, који једно књижевно дело узимају само као повод за излагање својих сопствених мисли о крупним предметима душе и духа, правећи и сами високи стил, историјске и друштвене опсервације, идеје о људима и женама, о парадоксима срца и маште. Понеки пут чак у замаху колико и најбољи песник и истински творац. А као повод, све је паметном човеку добро дошло. Уман и дубок човек и о најглупљој ствари може да каже најпаметније мисли. Демостен је изговорио један славан говор о шамару који му је неко ударио у позоришту. А можда није претерано рећи да ни о нашим најбољим писцима наши критичари нису успевали да кажу ишта одиста личног и одиста дубоког. Држали су се свагда једне књиге унапред осуђене да буде похваљена и прехваљена, или потцењена и исмејана. И њихова сопствена проза је била најчешће дескриптивна као у археологији: класификовање у категорију и епоху, и везивање за аналогију и за поређења. С малим изузетком, њихово философисање великих друштвених и духовних факата није излазило из уџбеничке строгости и сиромаштва. Има их чак чија је синтакса мања него и уџбеничка, и чије су стилистичке бравуре мање него пословне, и сиромаштво у идејама и опажањима вишег реда, испод сваке цене. Међутим, набуситост и цинизам појединих критичара не долази од њиховог самопоуздања да ће уверити и помоћи, него да ће сузбити, обесхрабрити, унизити и укаљати. Нас писце не интересује шта критичари мисле о нама, него шта они сами мисле о стварима о којима говоримо. Критичар који није у стању да напише ништа друго него критику, није писац и не вреди да се чује. Комадић хартије на којем је написана једна критика, то је парче на којем се није могла написати песма.

Исидора Секулић, пишући о руским, скандинавским, немачким, француским и нашим писцима, није судила писце него идеје. И то са сигурношћу коју даје једна дубока начитаност, једна моћ за опсервацију која је ретка, и један укус за генерализацију који није женски, и, најзад, једну сензитивност истинског песника. Критике које долазе од људи који су и сами творци имају сугестивност друкчу него оних који свој суд намећу тим обесније што немају да наметну ништа друго. Зато се и критике Исидоре Секулићеве, које су увек мали али врло продубљени портрети, издвајају од класичног типа наше критичарске прозе. Као све што напише инспирисани човек, те њене ствари изгледају интимне белешке, разговор са самим собом, дилетантска симпатија за ствари, духовни и морални афинитети са најбољим и највећим људима од мисли. Говорећи о Достојевском, она говори с вером, словенском, и говорећи о Готфриду Келеру, она говори с љубављу за просто у књижевности и чисто у животу; али свугде има уверења које долази и од срца и од духа, једино уверење које се преноси на друге, и једино које вреди да се прочита.

Њен стил је и овде савршено израђен и на сваком месту треперив и узбудљив, дело великог мајстора на перу.

Путописи Исидоре Секулић, њена *Писма из Норвешке* имају исте одлике нечег преживљеног и очима и душом, – мудрим очима и дубоком душом. Између путописа-фељтона какав су писали неколицина наших књижевних туриста, и између путописа који су дела философске синтезе и поетске моћи да разликују и да синтетишу, дело ове списатељке спада међу неколике примере изграђеног и довршеног дела. Није довољно бити писац и отићи да види једну земљу како би написао једну књигу. Треба онамо отићи дубоко спреман да све уочи, прими, разликује, пореди, осети, и заволи или омрзне. Не описују се градови него визије, ни народи него расни генији, ни уметничка дела него уметничке могућности, ни култови него њини утицаји, ни догађаји него виши мотиви, ни историје народа него историје духа и душе. Нема тежег рода него путопис, јер нема опсежније студије него студије о једном расном генију; ни можда веће вештине него дати кроз привидно наивну уметност оно што је предмет чисте науке и ерудиције. Али ни личнијег песничког сензибилитета него у додиру са једном туђом земљом. Гете, Хајне, Тен, Готје, сви су друкче гледали и много друкче осетили у истим земљама, према томе колико је ко био песник и колико је ко знао. Не може путопис писати књижевни турист који у једну земљу дође и прође, него који дође и остане. И који напише тек пошто је у нешто хиљаду пута загледао. Исидора Секулић је могла дати овако лепо дело туристе, јер је отишла да види Норвешку само као оквир нечег што је већ добро проучила кроз скандинавску поезију и историју; да види земљу славних викинга, насеља где је живела Ребека Вест и сањао Пер Гинт; и чује ветрове у фјордовима да би боље осетила свог Грига, или море и пешчане бране куда је размишљао философ... Норвешка је земља без градова и без прошлости. Да је ишла у Француску или Италију или Шпанију или Египат, не би ишла да гледа само тло и небо, него би морала да се задуби на сваком кораку, и да говори о стварима од којих не стоји ниједна без везе са дубоком историјском удубином, које је требало најпре стоструко знати у њином посебном и заједничком постојању и значењу. И да говори о једној природи која је инспирисала толико противуречне и многобројне ствари; и о једном генију расе у којем се човек осети небројено пута као човек изгубљен у беспутној непроходној шуми. За Исидору Секулић не би, извесно, ни то било тешко: она је и песник и философ. Али је то тешко за сваког другог. Пошто је путопис и једно научно дело, ту се одмах препозна шарлатан. А пошто је путопис увек један роман о себи, одмах се препозна и празнослов. И како добар путопис тражи велика уметничка средства стила, одмах се осети непесник. Хајне је давао путописе пуне духа али душевно пасивне, какав је био и сам писац. Теофил Готје је дао путописе хладне и немисаоне, скоро бесмислене, као што је најчешће и сам био овај славни златар. Путопис је зато пре свега аутобиографија једног срца и једне памети.

ДОДАТАК

СПОМЕНИК ВОЈИСЛАВУ

Београдске госпођице подижу споменик пјеснику Војиславу...* Зар то не звучи као једна од најљепших пјесама из Војислава? Зар то није за једног пјесника више него једна обична књижевничка сатисфакција, јер међу пјесницима жена̂ никада нисте могли никада нисте могли видјети инфериорне писце. Жене воле Бајрона, Ламартина, Мисеа, Хајнеа. Жене имају за љепоту једно чуло више него ми, приступачнију душу, тања осјећања. Оне нијесу никада вољеле Виктора Игоа, а Ламартин, кад је био најогорченије нападан, одговорио је са негативном гордошћу: „Моје ће пјесме живјети док је год на свијету младих људи и жена.“ Војислав би то могао рећи за се, јер он има све, или можда мало мање него све, да буде њихов пјесник. Он им је ближи него ико други у нас – онај Војислав из „Елегија“, гдје је чисти Ламартин. Жене које воле музику и парфим, које се ките свилом и цвијећем, које три четвртине живота мисле само о Љепоти, зар могу у нас наћи пјесника у кога је више тога елемента чисте, незаинтересоване Љепоте него у Војислава. Оне су га нашле интуицијом која је често јача и поузданија него наша анализа.

Војислав није био такозвани народни пјесник. То му се рачуна као мана, што је, уосталом, само једна особи-

---

* Коло или удружење београдских девојака откупило је бисту Илићеву од вајара Јована Пешића и касније, 1904. године, поставило је на Калемегдану, где се и сад налази. - Прим. прир.

на. Он није, као Антеј, налазио хране и снаге само на домаћем тлу: његову је душу зарана очарала она Љепота која је без отаџбине. Он је пјевао све друкчије, па и све друго него наши дотадањи пјесници. Он је пјевао далеке обале које никада видио није, али које је волио – а волио их је зато јер су лијепе. Он у својим пјесмама пјева љубав којом можда није никада љубио, али која га је заносила – јер је била лијепа. Он је слушао шум Гангеса кога није никада чуо – као што је Леконт де Лил пјевао скоро цијелог живота орлове по Кордиљерима, снове јагуарâ, стада слонова, јата тица по незнаним и невиђеним мочварама Новога свијета. Пјесниково је срце скиталица као и његова мисао. Војислав је волио Љепоту изнад свега и она је била цигла његова инспирација. Он је пјевао оно што је снијевао, а не оно што је доживљавао. Зар то уосталом смета да пјесма буде мање искрена? Јер најзад, зар оно што снивамо, зар то не проживљујемо? Зар сан није доживљај?

Што Војислављеву књигу нарочито одликује, то је што је свака стварчица у њој, као какав златарски посао, дорађена скрупулозном пажњом, пажњом коју бисмо могли назвати савјесним поштењем једнога умјетника. У наших најбољих пјесника наићи ћете често и већином на недорађене ствари. У једној пјесми наћи ћете овдје слику, ондје лијеп стих, да вам одмах друга строфа, или слика, или стих, пониште сав утисак својом често пута очајно рђавом фактуром. Нико у овоме није згоднији примјер од самог Ђуре Јакшића. У Војислава тога нема ни у најслабијим стварима; а има, напротив, ствари којима би било безбожно одузети иједну запету. У томе нико није умио отићи даље од њега. Французи би рекли: нико није имао љепша уста него он. Иако Војислав није успио да буде наш највећи пјесник, он је, извјесно, наш најљепши пјесник. Његови „Дарови Неба“ и „Песник“, и још неке ствари које још нису у његовој књизи, представиле би нас странцима ако не тачније а оно, без сумње, љепше него иједна друга књига – представиле би нас као једно интелигентно племе, отмено, и које има неколико вијекова цивилизације, које живи друштвеним животом великих градова, и које је случајно на Оријенту. Ламартин да је доживио и читао те ствари, чудио би се можда што нас је прије неких осамдесет година, на повратку са Истока, назвао варварима, толико у тијем пјесмама има отменог и француски лијепог. Војислав није видио Запад, велики и умни Запад, али га је осјећао. Открио га је себи не знањем и видом, него срцем и унутарњим очима, открио га је себи случајно, као они средњовјековни откривачи што су проналазили случајно читаве свјетове по океанима, о којима су само слутили. Он је био чист западник, што није, по моме мишљењу, мала врлина. Сасвим противно своме оцу-пјеснику и онима који по његовом примјеру пјевају данас у нас полусрпским и полутурским језиком (не знам зашто), и што се у нас многима веома свиђа (што још мање знам зашто), Војислав није имао тога османлијског севдаха који је остао у нашем темпераменту и језику као траг једне немиле и антипатичне прошлости – и који је српском племену много већма стран него макар шта западњачко: јер у цијелој својој прошлости српско је племе гледало према Западу или, најзад, према једном Истоку који није онај у коме је тај севдах рођен. Војислављев је Исток био више будистички и браманскигего мухамедански.

Војислав није имао осјећаја, нијс имао имагинације и није имао идеја. Шта то мари па да се ипак буде изврстан пјесник? Свега тога није имао ни Теофил Готје, ни многи други већи од Војислава. Осим свега тога троје, у лирици остаје још много нешто по чему један пјесник може бити одличан пјесник. Али ако хоћете да видите како је умио Војислав и да лијепо мисли и осјећа и имагинира, то тражите у његовој Форми: ту је и његова идеја, и његов осјећај, и његова жива имагинација. Јер све оно што нам је Војислав дао новога у Форми, то је његово; он лично није имао гдје да то научи, и он је све то измислио. То је била једна необично деликатна душа и изванредно пријемљива за нијансе, финесе. Нико у нас није осјећао шта је то Форма колико он, и нико није знао, као он, колико је она свемоћна. Војислав често није у својој пјесми казао ништа. Али једно ништа кад се лијепо каже, онда то постаје једно Лијепо! Исто су тако ријетки и духовити они који лијепо говоре као и они што лијепо мисле; можда чак овијех другијех има много више. Материја је свагда материја, нијема, мртва, несамостална, ограничена. Она не достаје сама себи. Форма у пјесми може да често замијени све друго, а садржина често може да буде све друго само не поезија. Све је до тога како се нешто рече. Ријеч је често оно библијско Слово које наређује да буде свијет из ништа, и да се роди свјетлост. Прави пјесник-артиста може да рече: дајте ми парче мокре земље па да вам даднем Венуса! Војислав је то могао да учини више него једанпут.

Лирска је поезија отишла, истина, данас много даље од саме Форме. За потоњих двиестину година ушли су у поезију страних народа нови елементи и нови смисао. То је поезија символиста и декадената, која је открила више него нове облике: нова осјећања. Прије њих изгледало је да је Форма потоња ријеч у умјетности, јер Форма бјеше, у Француза нарочито, дошла потоња, и бјеше достигла до врхунца тек са такозваним Парнасом, као да савршенство Форме значи период зрелости у једној литератури. Али одмах затијем долази поезија символиста, много симпатичнија и много интелектуалнија. И као што је лирска поезија добила са досадањим школама свој рјечник и своје облике, као што је, нарочито са парнасизмом, добила љепоту слике, тако је са декадентима добила љепоту музике и слободе осјећаја, а са символистима добила је своју философију, лијепу философију *символа*, чисту философију пјесништва. Поезија прије данашње претходила је природно овој данашњој. Да поезија парнасоваца није префинила нерве и образовала опажања, истанчала наша чула, ко зна да ли би било у нама могућности за ону танану поезију символа, за ону, такорећи, метафизику осјећања која данас улази срећом у стиховану књижевност. Јер без минуциозне савршености у Форми до које се до данас дошло, не би за символисте било потпуног израза; а осим тога је сликовита поезија романтичара и парнасоваца образовала ону визуелу која је у символиста неопходна јер је основна. Зато је поезија Форме морала да претходи поезији Идеје, која са Метерлинком и друговима у Француској, а Демелом, Хофмансталом и Георгом у Њемачкој постаје једина поезија свога времена. – Војислав њен долазак није слутио, јер је он био чист натуралистички пјесник Парнасовац, који је ствари гледао својим физичким оком, и који није имао много унутарњег живота у додиру са стварима; он је био само пјесник Форме, као што јс била и на страни цијела поезија његовог времена. Задржавајући се само на ономе што је видљиво, чулно, он је остао пјесник облика и учитељ Форме; он је показао боље него ико колико је у стању наш лијепи српски језик, и колико има еластичности, пластике, музике и боје у нашим ријечима. Наша данашња поезија, прежививши епоху школе, ваља да у данас савршену Форму унесе мисаоност и осјећајност модерне поезије, чиме ће нарочито обиљежити своју индивидуалност и отићи даље од онога докле се дошло.

Но тај смисао за Форму који је Војислав унио први не само у нашу поезију него уопће у нашу књижевност, то је његово дјело које вриједи можда више него његова књига. Дуго ће многи наш артиста носити срећан утјецај овога ванреднога писца. Војислав се са тијем смислом јавио у једно пресудно и блиједо доба. Он је то учинио у доба када је још увијек скоро општи укус за декламацијом. У наших старијих пјесника видјећете да се и данас воли и хвали оно што је декламаторско и реторично, а то је зло учинило да је у нашу поезију ушло много тога. У наших најбољих пјесника видимо најљепше странице унакажене декламаторском емфазом. Дуго се година у нас декламује у животу и политици, па се декламовало и у поезији. Нико тиме није заражен мање од Војислава. Јак умјетнички инстинкат водио га је сигурно кроз његов скроман али свијетао свијет мисли, сигурно као што инстинкат води ластавице преко незнаних мора и земаља не дајући да се побуне у лету. Али тај његов смисао остао је само при њему. Право је чудо да Војислав није више утицао у својој епоси која је била доста жива. Наши приповједачи, на примјер, нијесу поднијели никакав утјецај од Војислава, као што је природно требало да буде. Јер као што литература утјече на литературу, тако у једној књижевности утјече жанр на жанр: натурализам у Француској инспирисао је сродну поезију Парнаса, као поезији прије њега сродан роман; а то исто чини у сликарству. Тако се нова поезија символиста и декадената инспирише унакрсно са сликарством Пивиса де Шована и скулптуром Роденовом. Кад се у нас јавио Војислав, сеоска је новела била скоро једини књижевни жанр. Добри писци сеоске приче бјеху везали укус читаве једне генерације за уски живот примитивне сеоске гомиле. Војислав улази са својим укусом за град, с једне стране, а с друге стране са својим смислом за лијеп израз. У нашој причи није се опазио ни тај смисао за град ни тај смисао за лијеп израз. Осим најмањег изузетка, нико у нас не пише рђавијим и малокрвнијим стилом од наших приповједача. Исти убог рјечник, исти безбојан атрибут, иста плебејска фраза као и прије. Војиславњев укус за Форму више је занио наше читаоце него наше писце.

У нас стоји још као недирнуто питање колико је Војислав поднио утјецаја својих узора, који су били искључиво Руси. И мене је то питање интересовало веома непосредно. Војислав је тај утјецај поднио, очевидно, јер само рђави писци не подносе утјецај. У сваком писцу има двоје: оно што је урођено и оно што је научено. Оно што је Војислав научио, научио је од руских пјесника, који су одлични пјесници али недовољни учитељи, нарочито у поређењу са Французима. Војислав је, изгледа ми, највише познавао Пушкина, и ако је имао учитеља уопће, то је био Пушкин. Као Љермонтов, тако и Војислав има читавих стихова из Пушкина: тако „Усамљени гробови“ почињу дословце са два Пушкинова стиха. Има и неколико сижеа, и овдје-ондје покоја реминисценција. Но то је све. То је оно што понесе сваки пјесник из своје школе, и Војиславу то није сметало да своју индивидуалност изрази потпуно јасно и потпуно независно од својих угледа. Његов је *domain d'esprit* потпуно различан од Пушкина и Руса уопће, у чему је одлучивао Војислављев темпераменат. Треба знати да Руси још до данас нијесу имали чистог представника оне имперсоналне и парнасовачке поезије коју је у нас унио Војислав. Ако Војислав икоме сличи, то је нарочито француским парнасовцима – за које можда није никада ни знао. Ко би рекао да Војислав није учио шта је то Лијепо из Готјеове и де Лилове школе! Он има све велике врлине парнасизма и, нажалост, све његове мане.

Највише ће зачудити читаоца кад рекнемо да је Војислав био велики импровизаторски таленат. Право је чудо како је Војислав писао своје пјесме, и ја не бих знао ниједан сличан примјер међу страним писцима. Позната је ствар како су напорно писали своје стихове Шилер, или де Лил, и колико је Иго исправљао, и како то

211

чини Толстој са својом прозом. Хајне је у томе легенда-
ран: веле да неки њемачки библиографски музеј има
његов рукопис у коме се види да је 52 пута преиначио
своју пјесму „Ich weiss nicht was soll das bedeuten" док је
изашла онаква какву је данас читамо у његовој књизи.
Ко би међутим рекао да је Војислав своју „Посланицу
пријатељу" написао импровизаторски и на каванском
столу. Просто је фабулозно шта о томе причају неки
његови пријатељи и одлични књижевни другови из Бео-
града, што доказује једном више колико је огромно
много талента лежало у овоме младом писцу који није
доживио да га манифестује, на велику жалост за нашу
још увијек одвећ мало писмену књижевност.

Веома је симпатично видјети да београдске госпођи-
це дају прве иницијативу култу овог лијепог пјесничког
талента који је у нас био први апостол лијепе религије
Форме. Наша ће радост бити двострука ако оне дадну и
иницијативу да се изда приликом откривања споменика
и цјелокупна Војислављева књига – та лијепа књига ко-
ја ће носити стално печат независне Љепоте, независне
од времена и околине, који су пролазни, Љепоте која је
ведра, лака, *опћа*; оне Љепоте која је свагда млада и ли-
јепа: слична каквој статуи Венуса коју нађу под земљом
с осмејком, са оним истим осмејком којим се насмијала
некада прије хиљадама година.

СИМО МАТАВУЉ

Матавуљ је био један од оних ретких писаца који би се развијао до краја свога рада и не би имао ни стагнације ни декаденције.

Наши писци његове епохе нису имали свести о томе колико један писац мора да буде човек од студије, у току свих књижевних догађаја у земљи и ван земље. Матавуљ је познавао четири језика, и то врло савесно француски, талијански, руски н немачки. Из разговора с њим видело се сваком приликом да је познавао све новитете, и да је био у току каријере и најмлађег писања на страни. А то је, као што знате, тако редак случај код нас, где се мисли да се може живети просто од талента и где се говорило да треба певати као што пева птица. У овом погледу Матавуљ је био један од најређих људи међу нама. То његово широко познавање прилика књижевних на страни излазило је из његове конверсације безмерно богате књижевним реминисценцијама. Он је осим тога био највећи козер којега сам познавао међу нашим књижевницима.

Његов таленат, по моме мишљењу, био је шири од свих оних суврсмених који су имали и више славе и више читалаца. Извесно да нема ниједне књиге приповедачке с онако широком основом каква је основа *Бакоње фра Брна.* Ту има Раблеа, Додеа и много других писаца њихова рода. У приповеткама је често променљиве среће, али је извесно дао најшире дело у српској приповеци и по броју типова и по другим опсервацијама. Он је унео лепо Јадранско море у нашу књижевност, као што је Русо унео зеленило у Француску. Дошао је после Ћипико да тај свет, виђен више у лепоме, покаже још виђеног врелом срца и узнемирених чула.

Као дело најтрајније литерарне вредности ја сматрам да је *Бакоња*, којега сам већ поменуо мало пре.

СВЕТОЗАР ЋОРОВИЋ

Ћоровић није почетник, па ипак је тек на почетку своје каријере. Ово би изгледало нејасно, неразумљиво, двосмислено, или можда намјера да се о њему одмах споветка рекне једна неповољност, кад не бих истакао: да је то човјек који већ неколико година пише, а данас има тек 24 године! То су, као што знамо, године писца гдје онај који о њему говори мора бити оскудан кад је говор о његовим врлинама; то је доба у којем мане имају своју превагу или, парламентарним језиком речено, гдје оне имају своју ријеч. Има их који су у тим годинама били под ловорима, као Мисе или Бајрон, али обични поштен смртни свијет тада тек почиње, или се спрема да почне. А да Ћоровић тек *почиње*, то показују и његове мане и његове врлине. Отуд о њему ништа не прецизирам, нити с њим закључујем рачун, као што то у нас може бити, и као што су то чинили његови досадањи оцјењивачи. Држим да би иначе требало имати више смјелости и не вјеровати ни сам у оно што се тврди.

Ћоровићу међутим није сметао његов мали број година да изда досад много књига, веома много, ја не бих умио рећи колико, а тешко да то и он зна. Он није – што је лако вјероватно – Дима Отац, али ће јамачно доћи вријеме да ће се, као Дима, чудити кад му ко рекне да је ову или ону књигу он написао.

Уређивао је календаре, описивао манастире и издавао декламаторе! Скоро да добијемо импресију једног књижевног индустријалца, да из те гомиле хартије не избија неколико *цртица*, које су права професија Ћоровићевог пера, а које свједоче један истински таленат, озбиљан, више него обичан. Све изван тијех цртица иде на други лист, на лист на којем не треба тражити Ћоровића. То су ствари беспослених сати, који се често употребе и на незахвалније ствари него што је вашарска литература: календари и декламатори. Било је, као што је познато, и краљева који су у таке часове плели чарапе – дакле скоро онако исто мало литераран посао као и оно прво.

I

Ћоровић је почео са пјесмом, затим са приповијетком из варошког живота, па онда из живота у селу, а ових дана издао је цртице из живота у малој херцеговачкој паланци (*Записи из касабе*). Почети с пјесмом, то је природно и скоро обично: младост почиње с пјесмом. Наставити с причом из варошког живота, али одмах прећи у село, и то је постало обично, јер се показало лакше. А што Ћоровић прелази сад на касабу, то показује двоје: или да напредује у опсервацији, или да пролази за то три разна живота (сеоски, паланачки и варошки), јер још није нашао своју праву *средину*, јер још пипа, тумара, ради с неруке. Разлика између та три живота у нас овамо није тако оштро маркирана, али она постоји. Што Ћоровић с истом смјелошћу улази у све троје, то или држи да их већ све довољно познаје, или да се може и без тога, да приповијетка може бити без локалне боје, космополиткиња као бајка. Ту неодлучност показује и у избору жанра и у самој форми. А то све доказује да је он, иако не почетник, да је на почетку онога што зову каријера.

Једну је погрешку учинио одмах спочетка, која није без фаталности: почео је одвећ рано писати, и што је горе: одвећ рано штампати. Он се додуше при томе развијао, али (из више разлога) споро. Када читаоци то пишчево развијање прате, оно их замори, озловољи их и пренебрегну га. Отуд учестана и често оштра и неувиђавна критика на Ћоровића. Отуд је појава Ива Ћипика постала у нас, с правом, читав догађај. Он је узео ријеч у своје вријеме, књигом која носи печат пажљивог, а можда и дугог спремања за нешто велико, или да се изразим једном елоквентном француском изреком: он се у засјенку спремао за свјетлост! Није мање симпатичан ни Борисав Станковић. Но наш Ћоровић у том није гријешио сам – ту је гријешила скоро сва млађа генерација, што није без својих пошљедица, нарочито за нас у Мостару.

Што је напустио пјесму, тиме још није учинио никакву погрешку. Својим *цртицама* нашао је себи читаоце који их читају веома радо, који их воле са свима његовим недостацима – као што се обично чини кад се нешто воли. Ако је цртица какав жанр, онда јој је Ћоровић у нас дао први врло тачно обиљежје; он и јест само писац *цртица*, чим нијесам рекао ништа неповољно, – а можда ће то и остати. Његове крупне ствари и нијесу ништа друго него развучене *цртице*.

Но једну грешку чини Ћоровић стално. То је његово село и трагање за паланкама, и поред онога што је пред њим, њему тако близу, што му се само нуди. То је *мостарска махала*, онај чудни крајичак свијета, један анахронизам, један живот који изумире, тијело које се распада док још срце бије у њему. Камо они мрки, опаљени зидови по неспретним и стрмим сокацима; капије унаоколо обијељене, обијељени прагови, авлијска калдрма, из којих буји трава; софе са три облигатна мостарска цвијета: шебојем, папаросом и феслиђаном, софе у ајату са нанизаним ђугумима, ибрицима, леђенима... И живот у мостарској махали, гдје се свак сваког тиче; и живот у мостарској чаршији, гдје је сваки ћефенак катедра за врлину... Или мостарски Кујунџилук! Његови становници, њихова психологија и резонирање! – Или Церница са њеним жуборима испод врба, зерделија и џанарика; њена усијана љетна поподна, кад по Хуму гори трава. Сјенке куд пјевају славуји и Аише, Алке, Аиде и Фатиме, куда – вјетар душе, а катмер мирише... Љубав уз шаркију, у глухе јације. Сеобе и далек свијет. Или потоњих тридесет година Мостара! Доба кад су се на Лебиновцу киселиле карпузе, а у љетне вечери и ноћи по Мазољицама хориле пјесме бесмртне и славне Ђудинке, толико велике у аналима наших добрих очева... Затим доба почитељских и мостарских демагога и узурпатора, капетана; доба устанка и окупације; револуција у Мостару пред улазак странаца у Мостар; Али-паша Хамзић. Или ново доба, кад се већ иде у ашиклук *à la* Ћоровић – са Достојевским или Боборикином у џепу; доба незаборављених Мара, Милка, Љубица, Даша, Леила! Пошљедњи дани идиле, кад у нашу махалу улази шешир, све већма престаје звонити нанула, и гдје се синови почињу не разумијевати с очевима... Све тако обично за онога који не умије загледати, али тако необично за причу, тако нов свијет, нове обале, једна мала Америка за онога ко у срцу и души има онај величанствени компас који не да лутати по празнини.

Ћоровић воли измишљати своје типове. „Само не измишљајте“, говораше Едмон Абу једном младом писцу. „У ономе што се догодило вама или вашим друговима има одиста тридесет романа веома интересних, које треба само видјети.“ Тога су се држали Жорж Санд, Мопасан, Доде, Де Вињи.

Ћоровићеве мостарске приче, поред све своје интересантности, немају ништа локално; то нијесу лица из живота, него из приче; нијесу то наши људи – то су ја-банције, дошљаци, који говоре наш језик, носе наше одијело, имитују нас у нашој простоти, али који нијесу Мостарци. Како ли је велико оно драго, незаборављено доба дугих антерија, сандалија и жутијех папуча; доба наших ћурчија, ћебеција, мутабција и пуцара вуне! Ни-ко да баци зрачак свјетлости на њихове травне гробове, да се види како се некад мирно живило ондје гдје данас буји и кипи нов живот, провијавају нове идеје. Камо на-ши стари каишари с каматом на *плету*! Стари учитељи, стари попови... Камо они мирни и задовољни људи који су данас у зараслом Бјелушинском гробљу? Највише што се на једну тврдњу може рећи, то је: није тако! А оно у Ћоровића све није онако, или бар није оно што је главно, што је најљепше, што је есенција, што нас Мо-старце карактерише и прави интересним.

Тако је и са причама са села. То није село, то су љу-ди са села, сељаци без села. Гола позорница у причи, на којој се говори с ролама у руци, као позорница које па-ланчице: уска, с двије-три блиједе кулисе, каквим буна-ром, брдом, то је све. Још и један афектиран говор на-шег сељака. Нигдје сјенке нашег села, с његовим каменарама, сламним и плочним крововима, оградама из којих избија мирис смиља и црвени се крвави цвијет шипка. Није то наш сељак с његовом тешком сироти-њом, његовим илузијама за будућност којима се предаје, а у којима скапава.

Тај недостатак живота у Ћоровића огледа се нарочито у три-четири његове *позоришне игре*; на позорни-ци, гдје је нарочито живот као под лупом, гдје нас не об-мањује дескрипција и не заводи фраза. Нијесу то лица, него улоге; нијесу то типови из друштва, него из позори-шта. Херцеговина и Мостар Ћоровићев нијесу онаки; њих је одвећ мало у оним лијепим књигама *Из Моста-ра*, *Из Херцеговине*, *Из моје домовине*, гдје се локалитет, као што видите, наглашава с намјером и у самом натпису. А и колико се ту огледају ти крајеви, они се огледају врло пасивно. Ћоровић је туде доиста огледало оног око њега, али право огледало: мртво, нијемо, које рефлектује, али не каже, не говори. А у нас бити огледало живота узима се често буквално и као цијељ. Додеу је савјетовао Бринетјер једном приликом најодлучније да се не понизи дотле – да буде само натуралиста. Хоће да се рече: један анемичан регистратор догађаја, један општински биљежник у свом крају, пун скрупула и дошљедности, збијен у рубрике.

Но ако Ћоровићев сељак није наш сељак, то не значи да он није сељак. Разлика између сељака и сељака није додуше велика. Ратнички сељак Корзике и Херцеговине или Црне Горе нијесу антиподи, и има толико мјеста гдје се додирују да изгледају често истог соја. Психологија је сељака уопште једнолика, некомпликована. Може имати неки једну ману мање или једну врлину више. Компликовано осјећање може бити само у интелигентној души, пуној противности, судара (љубави са дужношћу, личног *ја* са алтруизмом итд.), које се претвара у оне олује које бјесне у салону и које праве тако компликоване предмете студије. Прави сељак има само двије-три страсти. У њега је све кратко: ако је увријеђен, он убија, ако је страстан, иде у крајност; ако је заљубљен, хоће да се жени; ако страда, он је љут, а кад је љут, он разбија, као дијете оно што је само правило, што је вољело и чим се забављало. С погледом на душу, он је човјек у дјетињству; ту компликација нема, јер нема образованих принципа да изазивају судар. Отуд ми се чини неумјесна замјерка, која се често пришива Веселиновићу, да му типови немају *дубље психологије*. Госпођа Жорж Санд, творац француске сеоске приче, нема је ни она. Треба сељака схватити не *у дубини његове психологије* него баш у његовој *једноставности*, као Јан-

220

ко. Нашем младом Ћоровићу недостаје она танчина, она црта која разликује *нашег* сељака од сељака уопште. То није канда запазио, стога оно није наш сељак у селу, него сељак кога је Ћоровић студирао у Мостару, кад је пазарни дан.

Ћоровићев стил и форма његова су најслабија страна, један стил *déplorable*. Он говори свега неколико стотина ријечи – обичних, из мостарске чаршије. Не види се да је то човјек који је научио језик својих типова, него човјек из исте категорије, с подједнако дебелим рјечником као и они. Нигдје једне поетичне, звучне ријечи, једне пјесничке фигуре. Дескрипција је просто очајна. Ево обичног примјера. Описује се најљепши крај Мостара:

„То су оне велике, лијепо уређене башче у којима *понајбоље* расту *гранате* и *корисне* воћке, окићене *зеленим* лишћем... Ту се могу чути *најдивније* пјесмице *најбољих* птица, које *несташно* лете с дрвета на дрво. Ту ћеш видјети *најљепших* лептира, како круже на све стране; ту ћеш наћи *највише* пчелица... Ту ћеш наћи *најмириснијег* цвијећа, поред кога се журе *мали птичићи* у крило бистрој Радобољи“ („Ненино злато“, стр. 57).

Има и покоји од оних смртоносних почетака, као:

„Спустила се чаробна (!) љетна ноћ. На небу свјетлуцају...“ итд. („У ноћи“, стр. 27).

Као што се види, то неколико редака довољно би било да потпуно дескридитирају једног писца. То је сличан случај ономе који је дао повода Додеу да рекне: „Ја се чудим како могу мирно заспати а да не осјете најдубље грижу савјести они људи који рекну: *сјајни* сунчев зрак, *зелено* лишће и *плаво* море!“... У Ћоровића, мало да то није увијек случај кад поетизира, када хоће да унесе у своју причу мало описа.

Дијалози су тако исто често суви, празни, на немјесту, силом утиснути – због ока (*Из Херцеговине*). Они се можда онакви чују често и у животу, али су они вулгарни свагда и свугдје, у причи нарочито; јер ако прича ваља да буде огледало живота, не мора бити огледало онога што је у животу бесмислено и неинтересантно. Што је досадно у животу, досадно је и у причи.

У „Мркоњићу“ је овог мало мање, а тако и у „Записцима“. Ћоровић ваља свакако да добије оно драгоцјено гнушање од баналног. Кад би с формом овако остало, његови би читаоци били веома подијељени. Познавајући га лично, ја знам колико је томе узрок немар и аљкавост; он нема оног блага које се зове: грискање пера. Шилер је по седам пута преписивао своје радове прије него што их је давао у штампу; наш млади Ћоровић шаље своје неисушене концепте.

II

Али што даје неоспорну књижевну вриједност Ћоровићевим причицама и што на себи носи свагда јасан печат талента, то је његова композиција, оно што се зове план, затим мотиви. То је оно што не да да се задржимо на његовим манама. То је оно рашта је он, за мој рачун, један врло лијеп и озбиљан таленат.

Он разумије причу, зна јој вјешто наћи почетак, а нарочито лијепо да заврши, и да заврши у згодном тренутку. То чини да његова прича није никад ни дужа ни краћа него што треба, да тече врло неусиљено, ако јој се не испријечи какав неподесан дијалог или опис. Његова поента на крају дадне каткад чар цијелој причици; она је скоро свагда од емоције, истинске, често дубоке. Узмите лијепу причицу „На сусрет“ у књизи *Из моје домовине*:

Мајка, која има двоје мале дјеце, већ неколико дана чека сина да се врати из устанка и дјеци говори *доћи ће брато*! Ово *доћи ће брато*! постаје један лијеп рефрен. И кад дан дође да се усташи враћају, она излази с дјецом да дочека сина. У кући је спремила све да га дочека што љепше. Село ври, све ужурбано, свак чека својег сина, брата, оца. И усташи се јављају у даљини, затим пролазе селом у гомилама, с пјесмом, и селом се разлила бујица радости. Али мајка залуд чека. Гомиле пролазе за гомилама, али њега нема. Она пита, а они одговарају некако збуњено, нејасно, неодлучно. Пролази и „кумов Никола", који јој, некако пун туге, вели: „За нама нема више никог."

И Ђоровић наставља:

„У даљини се није видио никакав облак, нити какав путник. Само неколике вране што налетише, надвише се старој изнад главе, па гачући (!) одлетише далеко... далеко...

—Нема га – промуца стара... итд.

А дјеца се прибише уз њу:

—Не плачи, мајко, доћи ће брато!..."

Ту прича свршава. Старица, као паметна жена, неће ништа више ни да ради ни да говори – да не би покварила ову красну Ђоровићеву причу. И, ја бих јамчио да и поред тога што сиже није потпуно оригиналан, и што вас шокира оно гдје врана *гаче*, и што је обрада као и другдје аљкава и сува, ипак ова цртица изазива својом поентом једно чисто лирично расположење у читаоцу. А том поентом Ђоровић спекулише свагда, што је врлина, што није лако, и што треба умјети.

Сижеи су му свагда интересни, иако не свагда нови, што није ни од потребе. Његови сељаци иако нијесу *наши* сељаци, ипак су људи; људи без отаџбине, али ипак људи, добро обиљежени, лијепо сортирани и увијек свјесни своје дужности у Ђоровићевој књизи. Има их са свима манама и врлинама, наравно, као и други људи. И кад би фабула била у приповијеци главна ствар, онда би Ћоровић био најбољи од млађих фабулиста. Он има типова који би у вјештој руци били готови типови за роман; има прича које су готова грађа за роман. А ни то није мала ствар. Он умије маневрисати са својим људима и стварати догађаје који су интересни, којих је свагда пуна његова књига, и то показује имагинацију. Ти су сижеи, међутим, тако лирични, поред све чупаве обраде, да су понеке цртице праве поеме. Грдна је штета што Ћоровић не показује (досад) срца и ока за природу, јер без тога његове ствари проклињу често самог писца. Отуда изгледају оне понекад не као сиротиња без одијела, или у дроњцима, него без коже и меса, голи костури. Има тога и у других. Ћипико једини предњачи у опису пред свима: он има више боја него и Матавуљ, а његовој дескрипцији, и поред језичних грешака, међ млађима нема такмаца. Његово море, шума, путање, вечери и ноћи, све ври у бојама. Он зна језик природе, разумије њено шуштање, има срца за све у њој, прави пјесник. Он мора да је дуго гледа и слуша. Иго је излазио пред зору изнад Париза да студира излазак сунца и пожар јутарњег неба; он је умио да жарко љетно подне проведе у пољу, у житу, да слуша подневно зујање око себе, да гледа јару како трепери над жутим класовима, и сиво, распаљено небо над пољима што сагоријевају. Он није никад био на Истоку, али своје *Les Orientales*, тако пуне Истока, писао је, како вели, посматрајући, у шетњама изнад Париза, запад кад залази сунце!

Отуд ми изгледа да Ћипико од Ћоровићевих другова једини чита природу и студира њен језик као овај велики учитељ, који је, као сликар, биљежио себи тонове и форме, преливање свјетлости разливене у читава мора изнад града (*ville brumeuse dentelant l'horizon violet*), да из тијех боја, које су протекле кроз његове очи и срце, дадне један читав Исток, свој, створен њим самим, али истоветан ономе невиђеном, којег познајете из Садија, Хафиза, Мирзе, Бајрона, и данас Лотија и Леконта де Лила.

Та одана служба сижеу, радњи, композицији (плану) узрок је да не видимо поетичне вечери мостарске, шум Неретве, а небо наслоњено на мунаре, у причама нашег Ћоровића. Његов је циљ да нам исприча нешто интересантно, тек да нас позабави. Његове *цртице* нијесу зато цртице што су кратке, него што су црте, танке, без сјенке, често можда сигурно и умјетнички вучене да заборављате да ту нема боје, јер вас обмане његов сиже често тако поетичан, пробран, отмјен онолико колико је неотмјена форма и његов језик. Често, али не свагда и не одвећ често.

Да резимирамо: Ћоровић има психологије, разумије људе, али човјека а не Мостарца; разумије дјевојку, али не Мостарку; јунака, али не јунака Херцеговца (за чим ваљда нико више не жали од мене, који с таком вољом читам неке цртице овог даровитог нашег фељтонисте). – Има имагинације: пун је лијепих предмета, разноврсних, чак некад и потпуно нових. Његова су лица пуна душе и срца, иако ружно говоре и много се крећу према концу за који их писац потеже, као лица из приче. При томе је Ћоровић одмјерен, незаморан, и врло се лако чита.

Кратко: нема форме ни књижевног језика; форме да нам дадне локално обиљежје и учини да његове приче замиришу мирисом Херцеговине; затим ока да оде дубље и књижевног језика да каже љепше...

А како су то ствари које се већином науче, Ћоровић ће их научити. Он је тако млад – има времена за све. Главно је схватити књижевност за паметну ствар и за посао озбиљних људи.

У Женеви, јулија 1900.

P. S. Ћоровић је рођен у Мостару, 29. маја 1875, од веома честитих родитеља, од оца трговца, који је подигао читаво коло младих и ваљаних трговаца у нас, што то помињем као ријеткост у Мостару. Светозар је ту свршио основну и трговачку школу. Данас је с оцем у трговини – гдје чита Боборикина и пише цртице! Прву је штампао у *Босанској вили*: „Не шали се с удовицама“ (1893), а отад су излазиле читаве књиге: *Из Мостара*, *Из Херцеговине*, *Из моје домовине*, *Разорено гнијездо*, *Марков гријех*, *Записи из Касабе* итд. Преводили су га на чешки, њемачки, мађарски, словачки, и – турски. Двије је године уређивао *Зору* (са А. Шантићем), а издао је за двије године *Неретљанин*, укусно уређен календар.

Ћоровић је одушевљен омладинац, ваљан друг, добродушан до наивности. Човјек добре воље, једини ваљда од свих људи који није никад заплакао – човјек са једним студентски задовољним лицем. Чита радо, а од страних језика чита руски. Имућан је, што је једна потреба више да се у Мостару буде и паметан човјек... Без „измотације“ је, воли изнад свега миран живот, – један од оних људи који зими носе шубару, а љети за двије-три нумере ширу кошуљу него што треба...

НАШИ НАЈМЛАЂИ ПИСЦИ

I

Један мали увод

Наша најмлађа генерација писаца, и оних у приповеци и оних у драми, показују једну наклоност песимизму до сада сасвим непознатом у нашој књижевности. Њихове се књиге зову овим невероватно кобним именима: *Беспуће*, *Под животом*, *Живи мртваци*, *Голгота*, *Под жрвњем*, и све те књиге имају тенденцију да дадну једну велику трагичност рушења и беспућа, и једну очајну поезију немоћи и нирване. Стихови наших најмлађих писаца, у којима нажалост нема онолико уметности и талента колико у неким од поменутих књига са горњим насловима, допуњују тај тамни тон, и то сасвим педантно. Ја не памтим да је икада једна генерација у нас видела тако црно око себе, и не налазим томе никаква другог разлога осим у годинама тих писаца.

Не питам да ли је та црна нота – једно добро или једно зло. У нашем друштву није, извесно, нимало горе него пре, и ако се шта променуло, променули су се само писци: они пре нас тражили су у њему друге ствари, а ови данас налазе у њему оно што траже. У доба највиших политичких преврата у овој земљи, у доба рушења устава и рушења престола, у доба када је цео живот текао у самој престоници, и када су се вратоломно рушиле и ствари и карактери, српски су приповедачи бегали у село, и тада је цветала ведра и насмејана наша сеоска идила и описивала је на дуго и широко оргије у кућама наших Калча. Ништа у српској приповеци није остало што би онима који дођу после нас дало слику те трагичне периоде која је обухватала две последње деценије живота у престоници.

Нека данашња најмлађа генерација тражи и описује оно што јој је драго. Цело је питање у томе налази ли она оно што тражи, и зна ли да опише оно што налази, и да то опише с довољно талента. Што је најгоре за једног писца, то је немати талента, то је његова фаталност и његов порок, и то је оно једино што му се не може опростити. Какав живот он себи бира и какве мотиве он воли, то је његова ствар, и ниједан критичар не сме то дискутовати без велике дискреције. За наше најмлађе људе међу писцима, само као интересантност, вреди поменути колика је та њихова наклоност да у животу траже само негативне и црне стране, и да их воле да виде без сваке примесе доброг и радосног, и да их описују са тежњом да се о свему добије што болнији и свирепији утисак. Мора се одмах рећи да већ има ако не неколико књига, оно неколико страница којима се то лепо успело.

Има одиста неколико људи међу тим најмлађим који показују талента. Има их два-три који показују сасвим озбиљно, и то сме човек да каже не страхујући ако га ко ухвати за реч. Као такве навешћу вам одмах двојицу, два млада и даровита човека, лепо образована за свој посао, који су доста гледали и видели, Вељка Милићевића и Војислава Јовановића.

Вељко Милићевић најјачи је таленат од свих који су дошли у причи после Станковића, Ћипика и Кочића, и који је већ показао све наде да ћемо у њему имати романсијера који се одавна очекује, и који је, најзад, већ написао две-три дуже новеле, од којих помињем нарочито *Беспуће*: новелу пуну лепоте стила и опсервација

душе, леп покушај за суптилну анализу једног неврасте-
ника, једног од оних наших ђакеља на страни који се
упропастише гледајући поваздан другоме у карте, и до-
бујући прстима по прозору какве велике каване, не осе-
ћајући како време не пролази поред њега него преко
њега, и који од живота, у који он није смео да уђе као у
ледену реку, није за њега остало друго сем страха и од-
вратности. Ова је новела изашла у неколико бројева
Срйскоī књижевноī īласника пре три године. Отада
Вељко Милићевић није ништа написао, живећи у Пари-
зу или утамничен у *Soufflet-у*, и бојати се да не пође тра-
гом јунака из своје новеле, Гавре Ђаковића, блаженог
помена. Наш историјски *Soufflet* је давао Ђаковиће и то
више од једног и оставио је свој део у сваком од нас, и то
онако бесно и трагично како су ждерали људе Золини
рудници и железница у *Жерминалу* и *Људској живоīи-*
њи.

Војислав М. Јовановић дао је једну драму из бео-
градског живота *Наши синови*, за коју се у нашим књи-
жевним круговима држи да је једна од најбољих реали-
стичких позоришних ствари које имамо. Она је рађена
веома озбиљно. Мени је она, више него иједна ствар из
живота београдског, дала илузију живота у престоници,
толико безмерно богатог и неискоришћеног у нашој ли-
тератури. Затим је писана књижевније него иједна дру-
га ствар, а то није било одвећ тешко. Мање него иједна
друга наша драма, она иде за тим да искоришћује оне
чисто позоришне ефекте, традиционалне и професио-
налне. Она је независна од сваког утицаја, и писац је
имао талента да побележи најнепосредније од свег оног
што протиче и гура свакодневно по калдрми и прашини
његовог места.

Поред оних мана које има ова драма, има их неколи-
ко које су врло уочљиве, али су оне такве врсте да се о

писцу може рећи исто толико добрих ствари колико и о његовим врлинама, а ја ћу то рећи у наредном чланку.

Није ништа ако књига има и озбиљних погрешака. За књиге, као и за жене, није ништа кад се каже: она има мана; зло је кад се каже: она има једну ману.

II

Један нов драмски писац*

Ова повест наших синова, то вам је цинизам у својој екстази, једна злурадост у целом њеном патосу... Када се на крају четвртог чина спусти над рушевинама једне несрећне српске породице позоришна завеса, ви се смејете. Ова драма, иначе пуна катастрофа, то је једна необично весела књига о необично жалосним стварима... Она је тако весела да се ви смејете читајући је, смејете се гледајући је и смејете се још једном причајући о њој некоме ко је још није читао ни гледао. Затим и онај ко је вама говорио о њој, и он се смејао... Међутим, то је трагедија целе једне породице, и још више: трагедија целе једне генерације, јер је у *Нашим синовима* реч о нашим синовима.

Ова вас трагедија индигнира зато јер је трагедија, а у њој нема доброте које има у свакој трагедији. Трагичност је увек у томе што зло однесе победу над добрим; то и јесте оно што чини да у једној трагедији, више него игде, има оне човечанске лепоте која је највећа од свију: лепоте срца и милосрђа. У овој трагедији наших синова нема трунке срца; она је пуна цинизма који је свестан свог ефекта и који се много допада сам себи.

Зола је био понекад радо моралист, али увек такав коме је било право задовољство говорити о неморал-

---

* Вијислав М. Јовановић, *Наши синови*, комад у 4 чина, 1907.

ним стварима; писац *Наших синова* је опет један добар син који има велико задовољство што у његову драму улазе наши синови онакви какви су, и какве је он нашао у несрећном гнезду пуковника Остоје. Нема ту ни трунке бола што је то тако, ни трунке саучешћа или протеста. Писац *Наших синова* је исто тако „наш син" као и они други, макар био и писац, и макар био бољи од свих наших синова...

Да није и он „наш син", он не би оно што је најжалосније окретао на смешно, и у овој трагедији не би било оне веселе и раздрагане позадине. То код писца није случајно. То је одлика наших синова и наше генерације. У вароши где живи пуковник Остоја са његовим тићима, свет се шали врло много и више него игде, и ту има цео свет шалџија, и људи који су само то, и којима је то учинило много услуга. На све се праве досетке и онде где би срце заплакало и где би се човек најмужевније индигнирао, ту падају најсрдачније шале и најлепше досетке. Велики и плодни осећај гнева и индигнације замењен је врлином малих и половних људи: џумбусом и терањем шеге. Од те циничности једне блазиране генерације пати и ова књига која је веома духовита, али која је без сваког срца и милосрђа.

Војислав Јовановић, пишући жалосну повест наших синова, знао је то веома добро; то је један од оних писаца које не треба поучавати јер они знају све оно и онолико колико знају њихови критичари. Али се могу да преваре или да буду преварени. Војислав Јовановић је имао намеру да дадне једну опору, реалистичну драму; и он спада у оне којима је за опсервацију једнако интересантна теза и антитеза, и бело и црно, и добро и зло, по оној хегелској: најлепше звездано небо колико и најпрљавије јато муха. Он је приказивао живот онако како тече: помешан и противуречан. Зато у *Нашим синовима* смешно иде са трагичним, најцрње са најбељим, без одвајања и без разазнавања. Као такво, ово је дело извесно најуспелије, и ви се чудите до које је мере писац могао да издржи непомичним то весело и иронично лице говорећи о погибији и бездни наших синова.

Али када се завеса спусти на те порушене животе, и када се последњи позоришни утисак почиње да кристалише у један део живота на који опомиње, онда ова трагедија губи. Ето ту се овај писац преварио. Онај тон, ведар и насмејан, опомиње да живот наших синова није несрећан и кобан него само разуздан и смешан. Ова трагедија не хвата за срце и не уједа за душу, она је весела, и зато постаје безлична. Тако када Ристи трговцу на Сави долази његов некадашњи друг, Херцеговац који говори црногорски, који је од богаташа постао општински послужитељ, а кога је упропастио исти Риста, сцена је дирљива, трагична. Он доноси јабуку Ристиној синовици за њен прстен, као што је обећао; каруце, које је био исто тако обећао кад се родила, не доноси, вели, јер их нема. Ту има један други болан тренутак. Одмах затим тај човек, који је једва дочекан на сцени где би био усамљен у принципу добра, открива се као некадањи лопужа и државни харамија. Јовановић жртвује све своме реализму. Овај моменат где је могла да на сцену пане једна суза, изгубљен је. Смех је настао опет одмах затим, и то раздраганији него игде.

То одсуство саучешћа и тај крајњи смисао приче о нашим синовима, промашен је. Али је промашен само као утисак. Иначе, срећом, цела драма урезује се добро у душу, и гнездо пуковника Остоје остаје једна несрећна кућа која нема свога домаћег огњишта ни интимне радости, кроз чију трпезарију и спаваћу собу као да пролази главна улица или царски друм; као кућа на којој никад нису затворени ни врата ни прозори, и у коју завирује цео свет. То је једна од оних породица које станују на улици. Отац је глупак, мајка алапача, а деца мангупи.

Свет око њих, то је једно друштво проблематично по своме моралу, и очајно по својим наравима, и страшно по својој конверзацији. Лена, у белом атласном либадету, алев-фесу и тепелуку, са дијалектом, изванредно је изражен тип једне трговачке матроне. Гиле, Рајко, синови пуковникови, много су јаче изражени од друге деце. Официри и госпођице са прстена, унакажени су једном иронијом врло доброг посматрача и дијалектичара. Баба Јована је леп и здрав тип Параћинке, најсимпатичнији тип од свих других.

Иначе је то друштво невероватно и фатално, и о којем се није можда ни могло говорити без свег овог цинизма којим је говорио г. Јовановић. Живот овог друштва, то је једна млатњава и једно клаћење од празног до пустог, од зла до горег. Наши синови нису ту гори од својих очева: једни вреде колико и други. Питање је само у разликама између два порока или две фаталности.

Нећу да препричавам ову драму коју треба да прочита свако ко има књижевног смисла, или бар књижевног интереса. На страну све оно што у њој недостаје, она ипак представља један догађај у нашем позоришном животу по силини свог реализма, и по локалној боји, и по врло пажљивој књижевној обради. Да је још у овој трагедији наших синова виђен био тај свет и с лица и с наличја, а не једнострано и само с наличја, да су ови бедни људи показани за часак и у оним тренуцима када и најгори људи ипак показују да су стварани по образу божјем; да на свима местима није цинизам био овако искључив, ја не бих умео наћи речи којима бих се нахвалио ове књиге једног веома даровитог и интелигентног младог писца.

Несрећа је сва што није у њој два-три пута закуцало велико срце човека који сажаљује и пати, и што се на овим страницама не види крвав траг којим је прошао бол једне душе пуне саучешћа.

ФРАНСОА КОПЕ

Последњи потомак једног великог књижевног племства затворио је мирно своје очи које су виделе толико лепоте. Последњи из генерације Виктора Игоа, који је певао кроз три велике епохе француске лирике: романтичку, парнасовачку и символистичку, Франсоа Копе, песник нишчих и побожних, умро је у прошлу суботу у Паризу од рака у плућима. Као прави романтик, он је остао побожан целог живота и умро је са распећем у рукама и са исповедником поред себе.

Копе је, чини ми се, убројан у парнасовце више по његовим личним везама и зато што је задоцнио са романтизмом. По својој естетици, својој љубави за средњи век и католичанство, и по својој сентименталности, и по фактури својих стихова, он је романтик. Он нема парнасовачке неузбудљивости, ригоризма у фактури песме, нити има чега заједничког са будизмом Леконта де Лила, ни метафизиком Сили Придома, ни поезијом сатанизма из стихова Бодлерових. Он је имао инспирацију Виктора Игоа, елегичност Ламартина и плакао је често као Мисе. У својим је драмама романтик чисте расе. У целој поезији, као и Иго, подносио је и утицај својих ученика и имао тим начином додира и духовног учешћа у свима менама француске лирске естетике.

На српски је преведена његова драма *За круну*, и његов епос *Пролазник* (*Le passant*), који има своју романтичност и елеганцију данашњих Ростанових стихова у

Romanesques. То је једна од најлепших ствари из целе поезије романтичара и парнасоваца.

У политици је Копе био националиста и клерикал, што је изазивало много нетрпељивости у генерацији младих према песнику једне старе школе и старог предања. Али његова смрт биће ипак искрена жалост целог народа на чијем је језику Франсоа Копе написао своје дубоко инспирисане *Песме нишчих* и *Нове песме*.

СИЛИ ПРИДОМ: *ОСАМЕ*[*]

Сили Придом, песник мисли и разума, припадао је генеолошки оној великој и славној плејади песника шездесетих година прошлог столећа који су за тридесет година имали за себе све француске Музе. Романтичкој епохи, испуњеној претераним лиризмом, они су ставили насупрот своју неузбудљивост и своју стоичност; насупрот разузданости у ритму и строфи, они су ставили своју челичну фактуру песме и чистоту риме; и насупрот романтичарској католичкој инспирацији, они су насупрот ставили своју позитивистичку философију и нерелигиозност свог времена. Њихово *вјерују* било је у савршеном античком култу облика, избегавању да се у песми поверава вулгарној публици „побожни сан свог сопственог срца", и да песма буде лепота са студеним устима мраморних статуа.

Нико међу њима није можда био толико ренегат колико Сили Придом, ма како велики део његових песама да је укочен у својој хладноћи и далеко од сваког личног мотива. Изгледа да у ствари има два песника у Сили Придому: један који је био одиста из стоичке школе парнасоваца, који је био више научан него религиозан, који је био грчки ђак Лукреца[**] и француски ученик Огиста Конта, дакле онај Придом који је био славан јер

---

[*] С француског превео Милан Микић, Параћин, 1909.
[**] Дучић овде свакако мисли на римског философа и песника Лукреција, кога је Сили Придом и преводио. – Прим. прир.

је боље него ико покушао да измири поезију и науку, и покушао да докаже својим строфама да је тачна она славна изрека из XVIII века: да је поезија од свих уметности најближа разуму.

Али има и један други песник у Сили Придому, сасвим противуречан овом првом: песник срца нежан колико и сам расплакани Мисе и меланхоличан колико и сам Ламартин. У његовим строфама без сваких декоративних средстава, речима из обичног дневног речника, римама које нису биле богате а често ни срећне, Сили Придом је дао један огроман број најузбудљивијих песама које су икад написане. Французи који, да нису имали Мисеа, могли би проћи у поезији под најмање сентименталан народ на земљи, добили су у Сили Придому, који је био сав од срца, једног уметника који је имао и велики, како они кажу, талент за сузе и једну чудну наклоност да, гледајући све кроз вечност, види свугде тамни печат пролазности и разорења, и да се тим инспирише за велики број својих страница можда тужнијих и болнијих него у макар којој другој књизи у француском песништву. Колико су Мисеове сузе биле личне, његове су биле неодољиво хумане; колико је Мисе био уцвељен животом, овај је био растужен вечношћу. По овој тамној позадини своје уметности, Сили Придом није био чистунац из школе коју су основали Теофил Готје и Бодлер. На том раскршћу између романтизма и символизма, кроз душу овог парнасовца пролазио је онај тамни конац људског бола који је везивао на једној страни вечито сетне романтичаре са, на другој страни, символистима вечито прожманим њиховим великим страхом од неизвесног и вечног.

Ми, нажалост, немамо превода песама Сили Придома. Он је у нас познат само оним који су највиши духовни епикурејци и најлакомији читаоци строфа без декламације и журнализма. Као куриозитет треба рећи да је у једној нашој паланци, у Параћину, један у књижевности непознат човек покушао (као што се види у врху овог чланка) да преведе Сили Придома и то у стиховима, и да изиђе са том књижицом у наш читалачки свет — са скромношћу аматера и с љубављу једног поклоника великог песника. Намера је веома лепа и веома отмена. Преводилац показује књижевно образовање и здрав укус. Он у својим строфама показује ако не много уметности а оно, извесно, много умешности. Мора се признати да је неке ставове превео виртуозно, да је ушао, што је најтеже, и у тон песника и онда кад му је било теже ући у оно што чини тон самог француског језика. Али што преводиоцу није пошло за руком, то је што је дао преводе хладне и укочене, без оне мекоте и топлоте оригинала, без оног што је у простоти Сили Придома класичарско и архаично. Између стихова не пролази она топла струја сете и чежње. Српска реч, и када је овде граматичарски синоним француске речи, није њен песнички синоним. То је тајна језика којим је певао Придом, а можда и више: својина тог језика. Уопште нема на свету добрих превода лирских песника, него само оних који задовољавају просечни књижевни укус. Била је зато велика храброст покушати, али је за овог нашег преводиоца била то и част.

СИЛИ ПРИДОМ

Сили Придом је оставио за собом седам књига песама, као седам сибилских књига у којима је записана судбина људског срца. За њега се с правом рекло да је највећи философ међу песницима и највећи песник међу философима. Као философ, он је стоик; као песник, он је песник измирења и резигнације. Цело његово дело наличи на неку мирну дворану одређену за људску молитву, на какву празну унутрашњост пагоде у којој нема ничег осим што у једном крају стоји велико божанство затворених уста. Та велика фигура затворених уста, сфинкс човечје судбине, више инспирише него што каже. Ма колико да је јасан као дан, Сили Придом превазилази својом мишљу снагу своје речи. Он је из фамилије духова из које су Данте и Гете, али без њиховог блеска у језику и без њиховог богатства у фигурама. Па ипак он остаје један од највећих лиричара. У његовом делу све је само метафизика осећаја; свако треперење човечјег срца у овом песнику прошло је кроз велики мир и спокојну мисао мудраца. Оно опоро сујеверје које уносимо у своје жеље и снове, у песмама Сили Придома прелази у хармонију и религију, утапајући се у нешто неизмерно у коме су наше среће и несреће само ташти делићи. Отуд онај понтификалан тон у његовој поезији. Његове песме изгледају као поезија неког кардинала у љубичастој одећи, с папским великим прстеном на кажипрсту, који је своје стихове писао у тужној и побожној тишини Ватикана. Његова љубав изгледа као каква велика молитва на Синају. Грчки стоицизам у његовим песмама има сву лепоту и тугу сувремене мисли. Иако је духом био Атињанин, душом је био песник свог времена, оног времена у коме се ипак осећа више него што се икад осећало.

Својим песничким пореклом Сили Придом припада оној великој плејади француских песника шездесетих година прошлог века. То су такозвани парнасовци, који су за тридесет година имали за себе све француске Музе. То је било више него једна песничка школа – то је читава једна велика традиција у области људске лепоте. Она се јавила као реакција на дотадашњи претерани лиризам романтичара; то је био покрет ка ослобођењу људске душе од сентименталних наступа и пијанства од речи. Оној апсурдној разнежености другова и ученика Игоових, ови другови и ученици Леконта де Лила ставили су насупрот своју неузбудљивост и стоичност. Насупрот ограничености у мотивима и једноликости у пејсажима, парнасовци су унели велику егзотичност мотива и природу целе људске колевке. Насупрот разузданости у ритму и строфи какву сте виђали и код најбољих романтичара, као код Мисеа, они су ставили своју челичну фактуру строфе и чистоту риме. Насупрот романтичарској католичкој инспирацији, они су ставили своју позитивистичку философију и нерелигиозност свог времена. Њихово *вјерују* било је у савршеном античком култу форме. Не поверавам вулгарној публици „побожни сан свог срца“. Оно што је најлепше у нама треба да остане затворено у најлепшем делу нашег срца – у оном у које нико не може загледати! Лепота треба да има студена уста старих споменика, уста која говоре али не казују! Велика врлина песника, то је неузбудљивост.

Сили Придом није остао веран тој својој школи, као што нису остали до краја верни и други из његовог кола. Можда чак ниједан од песника парнасоваца није био толико ренегат колико Сили Придом. У Леконту де Лилу има много будистичког песимизма, који је далеко од неузбудљивости коју је проповедао и која је била прописана за сву школу; у Хередије има једна меланхолија људске пролазности, историјски бол, нека носталгија за прошлошћу, која је далеко да буде неузбуђена и неузбудљива; у Теофилу Готјеу има много личног и емотивног; у Армана Силвестра има више интимности него и у кога; у Мандесу ако има чега доброг, то је оно што је лично; у Бодлера и нема ништа што не би био део његове болесне душе.

У Сили Придому имају два песника. Један је одиста укочен у својој хладноћи, далеко од свачег личног, веран ђак старинске школе парнасоваца, више научан него религиозан, грчки ђак Лукреца* и француски ђак Огиста Конта — дакле онај Придом који је био славан зато што је покушао да измири поезију и науку, и да докаже да је тачна она славна изрека из XVIII века: да је поезија од свих уметности најближа разуму. А такав се Сили Придом и памти и слави. Међутим, има и други Сили Придом, извесно већи од тог првог, и који ће се славити онда када се онај буде само памтио. То је Сили Придом као песник срца.

У својим књигама као што је књига *Залудне љубави*, Придом је нежан колико и Мисе, и меланхоличан колико и Ламартин. У тим песмама хумани бол превазилази бол лични; и у најинтимнијем његовом стилу има нешто опште, свачије и вечито. Све је више носталгија него проживљена повест; тамна чежња љубави него љубав; страх од бола него бол; ако има бола, то је више онај који се схваћа него осећа; који је више око њега него у ње-

---

* Види примедбу уз претходни чланак о Сили Придому. – Прим. прир.

му: то је велики и вечни бол који је фаталност нашег боравка на земљи, на кога помишља само с онолико познавања колико помишља на смрт – а не познаје га више него као идеју о болу зато што је његова душа одвећ очишћена од свега што је лично. Али иако тај трансцендентални бол не изгледа узбудљив, и зато што је општи, не изгледа довољно човечји, Сили Придом га је дигао до нежности и суза. У његовим строфама у којима нема никаквих декоративних средстава, где су речи из обичног свакидањег и пословног речника, где риме нису богате а често ни срећне, Сили Придом је дао један огроман број најузбудљивијих песама које су икад написане о људском срцу. Да Французи нису имали Мисеа, могло би се рећи да су у поезији најмање сентименталан народ на земљи. Са Сили Придомом, који пролази под неосетљивог и научног, француска поезија добила је једног уметника који је, као ретко ко, имао таленат за сузе. Гледајући све кроз вечност, он је свугде видео црни печат пролазности; нешто резигнирано у његовој природи није дало да све види и у обнови. Колико су Мисеове сузе биле личне, толико су Придомове биле хумане; колико је Мисе био уцвељен животом, толико је Сили Придом био растужен вечношћу.

ИЗ ПЕСАМА СИЛИ ПРИДОМА

РАЗВИЋЕ

Када ми се прохте да сиђем у саму суштину своје жеље, а то је онда када је радост већ прошла и ми меримо њен пепео;

И када сазнам праву цену свих ових загрљаја ниских и таштих које људско тело замишља у свом сну, сну који је остатак античких ноћи;

Ја мислим да у другој сфери, где сам се осећао тако исто рђаво, ја љубљах, не могући друкчије, инстинктом скота.

И ту сам сневао без сумње своју љубавницу.

Горди љубавник, волео сам њу већма него неку другу животињу која ми је била одвратна. А волео сам је већма зато што сам се надао још лепшој љубави.

И зашто ме најлепша жена на овом свету називала неверником. А то је стога што сам волео њен модел до којег моје усне не могу домашити.

И тако од гнусне прашине па све до етра који се не да загрлити, мој идеал иде из света у свет. Он иде преда мном увек према оном свету којем сам се кренуо.

ВАЛЦЕР

У таласу крепа и свиле, бледи парови замукли, окрећу се, а патос се угиба, и према полилеју што пламти блуде њихове полузатворене очи.

Ја мислим на старе стене које сам видео у Бретањи, у које понире морска струја, и у којој се окреће у ковитлац дан и ноћ, и то увек истим вртлогом, и то увек истим хујањем.

Мекани валцер скрива у себи једну чежњиву исповест љубави. Душа се губи у њему ширећи своје крило. А то је слично вечитом греху, и то је слично вечитом повратку.

А ја мислим на старе стене које сам видео у Бретањи, у које понире морска струја, и око којих се окреће у ковитлац дан и ноћ, и то увек истим вртлогом, и то увек истим шумом.

Младић осећа своју младост, а девојка пита себе: „Љубим ли?" А њихове усне праве непристрасно слатка и бојажљива обећања о неком пољупцу који још никако не долази.

Ја мислим на старе стене које сам видео у Бретањи, у које понире морска струја, и око којих се окреће у ковитлац дан и ноћ, и то увек истим вртлогом, и то увек истим хујањем.

Музика се уморила; валцери издишу; пламенови на бледом полилеју постају слабији; огледала постају мутнија, и од њихове влаге силази са њих суза за сузом, само помрчине остају, и сви парови нестали су из дворане.

Ја мислим на старе стене које сам видео у Бретањи, у које понире морска струја, и око којих се она окреће у ковитлац дан и ноћ, и то увек истим вртлогом, и то увек истим хујањем.

СТРАНАЦ

Ја често себи кажем: од које си расе? Твоје срце не налази ничег што би га везивало и очаравало. Ничег нема за твоју мисао ни за твоја чула што би их заситило. Мора дакле да ће ти једног дана доћи у сусрет једна безмерна срећа!

Међутим какав је то рај који си изгубио? И каквој си то високој ствари учинио своју услугу? И која је то твоја сопствена лепота и врлина па не видиш на овој земљи ништа осим ругобе и порока?

Мора да имају неко своје порекло ове моје жалбе за небом које сам само замислио? Ја их узалуд тражим у свом каљавом срцу.

И, сâм изненађен болима о којима говорим – ја чујем како у мени плаче неки диван стран човек. Он ми је увек тајио своју отаџбину и своје име.

СТАЛАКТИТИ

Ја волим пећине у којима буктиња окрвави њихову пусту ноћ, и где из предсобља у предсобље од одјека пође уздах који се једва чује.

Сталактити са свода висе у окамењеним сузама. Кап по кап пада влага лагано пред моје ноге.

Изгледа да у овој помрчини влада тишина пуна бола. И пред овим дугим погребним плачем чије се сузе никад не суше –

Ја се сећам оних уцвељених душа у којима живе још успаване старе љубави: у њима су све сузе смрзнуте и окамењене, али у њима увек нешто плаче.

НЕВЕРНИЦИ

Ја те љубим чекајући своју вечиту жену, ону која мора једнога дана да изађе мени у сусрет, у непомичном Едену, далеко од овог незахвалног боравка у којем поља немају цвећа него за време само једног месеца у години.

Ја ћу те видети пред собом како на бескрајној маховини, куда мртви траже једно друго за неповратне загрљаје – ја ћу видети како пролазе твоје сестре свих времена, пролазе једна за другом, и ја ћу те изневерити, а ти нећеш бити љубоморна.

Јер и ти сама, изабравши свог вечног мужа, оставићеш ме на његов први знак када прође његова сенка у великој људској гомили.

И ми ћемо се заборавити као пролазници који су стигли на истој лађи својим кућама и нећемо се више никад сетити наших тренутних веза.

НАПОМЕНА ПРИРЕЂИВАЧА

Доста рано је Јован Дучић замислио књигу својих књижевних огледа, на махове и дуго је на њој радио, све до пред крај живота, али јој није дао завршни облик. Још 1906. године, у једном писму из Женеве Петру Кочићу, каже да спрема књигу есеја о нашим писцима, којој је тада дао и први наслов *Моји врсници*. У њу би ушли радови о Станковићу, Ћипику, Кочићу, Војновићу, Ракићу, а можда и о Ћоровићу и Светиславу Стефановићу. Касније, у разним приликама, до и после Првог светског рата, помиње да ради на есејима, само што при томе наводи час једне час друге писце. Коначан наслов *Моји сапутници*, с поднасловом „Књижевна обличја", налазимо у списку од десет књига (шест већ штампаних и четири припремљене за штампу) *Дела Јована Дучића*, који је сам песник саставио, а објављен је и на посебном листу у *Лирици*, из 1943. године. *Моји сапутници* су ту наведени као осма књига, после седме *Јутра са Леутара* а испред девете *Стазе поред пута*.

Део рукописа *Мојих сапутника* први пут је објављен 1951. године у Америци, у Чикагу, у једном тому „одабраних страна" из седме, осме и девете књиге Дучићевих (како су овде названа) *Сибраних дела*. Приређивачи Јован Ђоновић и Петар Бубрешко одабрали су есеје о Б. Станковићу, И. Војновићу, П. Кочићу, А. Шантићу, М. Митровићу, И. Ћипику и М. Јакшићу. Кад је Живорад Стојковић 1969. године приредио *Моје сапутнике* као четврту књигу Дучићевих *Сабраних дјела*, која су изашла у Сарајеву, а тако је и другом издању из 1989. године (Београд-Сарајево), он је узео све поменуте есеје осим о

Војновићу, који је на крају уклопио у своје напомене. Уместо њега штампао је два мања, пригодна чланка о Војновићу. Али је зато, из песникове рукописне заоставштине у Требињу, унео есеје о Владимиру Видрићу и Исидори Секулић. Осим тога, он је из разговора објављеног у двоброју *Срūскоū књижевноū ūласника*, за јул-август 1938. године, издвојио све што је Дучић рекао о Ракићу, а што заправо делује као целина, као краћи есеј.

У нашем садашњем издању *Мојих саūуūника* есеји о Станковићу, Војновићу, Кочићу, Шантићу, Митровићу, Ћипику и Јакшићу штампају се према америчком издању, есеји о В. Видрићу и И. Секулић према сачуваним рукописима из требињске заоставштине, а текст о Ракићу онако како га је Стојковић објавио. Ваља још напоменути да је есеј о Милети Јакшићу остао недовршен. Сада је такође другачији и поредак него у ранијим издањима. Познато је да је Дучић есеје писао у посебним свескама великог формата. На предњој корици једне од њих, где је есеј о Кочићу, испод наслова *Моји саūуūници* навео је писце о којима је у том часу планирао да пише, и то под бројевима од један до десет. Живорад Стојковић се на тај редослед и позива. Али је Дучић изнад списка забележио: „План за израду.“ То није исто што и план за књигу. Уосталом, Дучић је од њега давно био одступио. Зато се сада есеји дају према животној хронологији писаца, и то тако што је на почетку Иво Војновић, затим следе песници и, најзад, прозаисти.

У додатку уз *Моје саūуūнике* даје се строг избор само оних чланака који садрже општи поглед на неког од песникових „врсника“ или „сапутника“, и уз то су од значаја за боље разумевање песникових књижевних погледа, односно његове поетике. Зато су укључени и чланци о француским парнасовцима Копеу и Придому. Текстови се иначе штампају према њиховој публикацији у периодици: „Споменик Војиславу“ у *Делу*, 1902, књ. 24, св.2; „Симо Матавуљ“ у *Бранковом колу*, 1908. год. XIV, бр. 13-14, као одговор на анкету „Српски књижевници о Сими Матавуљу“; „Светозар Ћоровић“ у *Босанској вили*, 1900, год. XV, бр.22; „Наши најмлађи писци“ у *Полиūици*, у броју од 26. маја и 3. јуна 1908; „Франсоа Копе" у *Полишици*, у броју од 12. маја 1908; „Сили Придом: *Осаме*" у *Новом времену*, у броју од 5. јануара 1910; „Сили Придом" у *Срӣској ријечи*, у броју од 24. децембра 1910, у божићњем прилогу (6. јануар 1911). Уз чланак су објављени и Дучићеви преводи Придомових песама.

У свим су текстовима уклоњене очигледне штампарске погрешке, као и омашке, превиди, који су некад настали због отежаног читања рукописа, обично са пуно додавања и исправљања, али су некад и Дучићеви. Каткад је било довољно додати само једну речцу, очито испуштену, да реченица добије исправан облик. Исправљени ту такође погрешно наведени подаци где год су примећени, а стихови Шантићеви и Видрићеви, које је Дучић екавизирао, враћени су у изворно ијекавско наречје. Иначе у језик и стил ауторов није се дирало, чак ни у његову особену употребу интерпункције, где год се није косила с основним правописним правилима. Писање великог слова (осим кад може имати симболичку вредност), састављено и растављено писање речи, као и транскрипција и адаптација свих страних имена (али не и страних речи, као што је *символ* и *симболично*), усаглашени су с данашњим српским правописом.

САДРЖАЈ

МОЈИ САПУТНИЦИ

Иво Војиновић 7
Милорад Ј. Митровић 46
Алекса Шантић 73
Милета Јакшић 98
Милан Ракић 102
Владимир Видрић 108
Иво Ћипико 121
Борисав Станковић 130
Петар Кочић 160
Исидора Секулић 186

ДОДАТАК

Споменик Војиславу 205
Симо Матавуљ 213
Светозар Ћоровић 215
Наши најмлађи писци
   I. Један мали увод 227
   II. Један нов драмски писац 230
Франсоа Копе 234
Сили Придом: *Осаме* 236
Сили Придом 239
Из песама Сили Придома 243

Напомена приређивача 247

Дела Јована Дучића

Седми том

МОЈИ САПУТНИЦИ

*

Главни уредник

НОВИЦА ТАДИЋ

*

Издавачи

ИП РАД
Београд, Дечанска 12

ДУЧИЋЕВЕ ВЕЧЕРИ ПОЕЗИЈЕ
Требиње

ОКТОИХ
Подгорица, Његошева 2

*

За издаваче

СИМОН СИМОНОВИЋ
ОБРАД ГАЦА
РАДОМИР УЉАРЕВИЋ

*

Припрема

Графички студио РАД

*

Штампа

Елвод-принт, Лазаревац

CIP – Каталогизација у публикацији
Народна библиотека Србије, Београд

886.1/.2.09
929:82
840.09-1

ДУЧИЋ, Јован

    Моји сапутници : књижевна обличја / Јован Дучић ; [приредио Новица Петковић]. – Београд : Рад ; Подгорица : Октоих ; Требиње : Дучићеве вечери поезије, 2001 (Лазаревац : Елводпринт). – 249 стр. ; 21 cm. – (Дела Јована Дучића ; т . 4)
    Напомена приређивача: стр. 247–249.

ISBN 86-09-00755-3

а) Српскохрватска књижевност, 19-20 в. б) Књижевници - Југославија